HANS ROSER · IM DORF DAHEIM

HANS ROSER

Im Dorf daheim

VAH

Verlag Albert Hofmann
Nürnberg

Gesamtherstellung:
Druckerei und Verlag Albert Hofmann, Nürnberg
Umschlaggestaltung: Fritz Henry Oerter
Illustrationen vom Verfasser
 · Printed in Germany 1981
2. Auflage · ISBN 3-87191 062 7

Auslieferung an den Buchhandel:
M. Edelmann, Nürnberg

Meiner Mutter

Inhalt

Nachkriegsjahre

Mutter an der Strickmaschine

Er kletterte über das weißgestrichene, metallene Schutzgitter der Bettstatt, schob den bedruckten Leinenvorhang zurück und schaute zum Giebelfenster seiner Schlafkammer hinaus zu sehen, was das Wetter mache. Eben war die Sonne hinter den vier schlanken Pappeln hochgestiegen, die weit weg am Ende seines Blickfeldes standen. Der Kleine machte sich auf den Weg, die Bodenstiege hinunter zur Mutter. In der kühlen, schattigen Stube, in die den langen Tag kein einziger Sonnenstrahl drang, weil die dichten Beerensträucher und die schweren Kronen der Obstbäume des Vorgartens ihr den Zugang verwehrten, arbeitete sie an einer hohen Maschine. Unnahbar erschien sie dem Dreijährigen, ernst wie immer.

Sie war nicht mit dem beschäftigt, was er bei anderen Frauen des Dorfes beobachtet hatte: Kaum machte sie sich in der Küche zu schaffen, nie auf dem Feld. An einer Maschine stand sie, die auf vier schmalen eisernen Beinen ruhte und ihr bis an die Brust reichte.

Unten, wenig über dem Fußboden, an ihren Füßen, lag ein Brett quer. Dort setzte er sich hin. Kurz erkundigte sie sich, ob er gut geschlafen habe. Dann schaffte sie weiter. Ihr ganzer Körper bewegte sich gleichmäßig hin und her. Immer wieder hielt sie inne und zählte laut vor sich her. Dann füllte wieder das schnelle, rasselnde Geräusch die Stube.

Der Knirps saß unten auf dem Querbrett und wußte nicht recht, wohin mit den Händen, denn die Eisenstreben, die nach oben aufragten und auf denen die schwere Last des Maschinenblockes ruhte, war eiskalt. Und sie zitterten unheimlich vom hin und her geschobenen Gewicht des darüberliegenden mächtigen Strickaufsatzes.

Da berührte etwas Warmes seinen Kopf. Bei jedem Schub des knarrenden Kastens auf dem Stahlblock nach links und rechts sank das warme Wollstück ein wenig mehr auf ihn herab. Lange saß er so. Bis er ganz bedeckt war. Es tat gut, warm eingewickelt zu sein und bei der Mutter zu sitzen. Dann hörten die schweren Bewegungen auf, mit denen die Mutter den großen metallenen Kasten über das Querstück auf dem dreieckigen eisernen Gerüst hin- und herschob. Ein leichter Knacks — und das ganze Wollstück rutschte über ihn hinunter. Die Mutter hob es auf und ihn dazu.

So war es oft am Morgen. Stets war sie beschäftigt, wenn er sich bei ihr einfand.

Sie stellte Strickwaren her für die Bewohner der umliegenden Dörfer, die oft am Nachmittag kamen, um gegen Eier, Butter, Fleisch und Brot die angefertigten Waren abzuholen. Viel Besuch kam so ins Haus. Nur wenige bezahlten mit barem Geld.

Bis die Strickereien freilich abgegeben werden konnten, mußte noch viel an den einzelnen Stücken gearbeitet werden. Oft schürte die Mutter gegen Abend den Ofen an und schob in das riesige schwere Bügeleisen glühende Kohlestücke, mit dem sie auf einem weiß bezogenen, gepolsterten Brett die eingerollten Stücke glättete und streckte. Mehrere Teile, jedes anders geformt, nähte sie zusammen. Manchmal durfte er in ein solches Gebilde hineinschlüpfen: die Mutter probierte es ihm an. Dann und wann legte sie sich auch selber das eine oder andere Stück an, betrachtete sich im Spiegel, dachte etwas nach und legte es zur Seite. Stets mußte sie sich von den bunten und warmen Stücken trennen.

Erst gegen Abend kam er an die Reihe, wenn es draußen dunkel wurde. Dann zündete sie die Petroleumlampe an, die über dem Tisch an der Decke hing. Der breite, bauchige, milchweiße Leuchter flakkerte prustend hell auf und leuchtete dann ruhig weiter. An der Decke bildete sich ein rußiger Ring. Im Kachelofen krachten die Holzscheite. Oft holte die Mutter dann ein Märchenbuch hervor. Den ganzen Tag freute sich ihr Bub auf diese Stunde vor dem Schlafengehen, die für ihn stets ein zu frühes Ende fand.

Besonders gespannt war er, wenn seine Mutter von der Blechhülse der faustdicken Zichorie-Dose die rote Banderole löste, das eingerollte Papier glatt strich und die Geschichte vorlas, die innen eingedruckt war. Eines Tages brachte sie aus der Stadt einen kleinen kaffeebraunen Hefter heim und sogar einen Locher — ein kleines schwarzes Gerät, mit dem er zwei nagelkopfgroße, akkurat gleichmäßige Löcher ins Papier zaubern konnte, sobald er einen handbreiten knatzenden Hebel nach unten drückte. In sie mußte das schmale Blech des Hefters eingefädelt werden. So sammelte er sein erstes Buch zusammen. Und dabei entstand der Wunsch, selbst die Märchen entziffern zu lernen, die seine Mutter vom Zichorie-Papier ablas. Er freute sich auf die Schule. Von ihr erwartete er, daß sie ihm die weite Welt zeigte mit den wundervollen Geheimnissen, die auf die stark riechenden Blätter gedruckt waren. Aber das brauchte noch seine Zeit.

Am linken Auge blind

Drei Jahre war der Bub alt, als er am linken Auge erblindete. An seinem Geburtshaus führte die große Straße nach München vorbei; Reichsstraße nannte man sie damals. Später, kaum daß er die Zahlen kannte, entzifferte er am gelben Wegweiser vor dem Haus, daß es 178 Kilometer bis zur großen Stadt waren. Das sei so weit, hieß es, daß man eine ganze Woche zu Fuß gehen müsse, bis man dort ankomme. Oft drückten die vorbeifahrenden Autos den klebrigen Staub durch die geöffneten Fenster ins Haus. Die Sonne freilich blieb draußen. Sie aber gerade zog ihn ins Freie. „Hinausgehen kannst du, aber nicht auf die Straße" ,lautete Mutters besorgte Erlaubnis. Der vigilante Kleine hängte sichan die gußeiserne Türklinke, zog sie nach unten und schlüpfte ins Freie.

Entgegen dem mütterlichen Wunsch blieb er am Straßenrand stehen; er konnte sich nicht sattsehen an den seltsamen großen dunklen Kästen, die von selber fuhren. Ein schwerer Lastwagen rollte vorüber und wirbelte eine gewaltige Wolke auf. Plötzlich spürte er einen brennenden Schmerz im linken Auge. Da half nur noch reiben, reiben. Die ganze Augenhöhle rieb er wund. Handballen und Handrücken schmerzten schon. Es blieb nichts anderes übrig als in die Stube zurückzutapsen und sein Mißgeschick zu klagen.

Bald darauf wurde er mit dem einzigen Auto, das es in der Ortschaft gab, ins Krankenhaus gefahren. Das halbe Dorf war in Aufregung. Aber wenigstens durfte er so endlich in einem der seltsamen Fahrzeuge sitzen, die tagaus tagein an seinem Hause vorbeirumpelten.

In der Stadt wurde er einem riesengroßen Mann vorgeführt, um den eine ganze Schar Frauen herumstand. Alle waren schneeweiß angezogen. Ein eigenartig scharfer Duft, den er noch nie gerochen hatte, umpfing ihn. Ein gewaltiges Feuer, das sich bis ins Hirn vorfraß, begann in der linken Augenhöhle zu brennen. Er mußte dableiben, als die Mutter sich verabschiedete.

Das Auge blieb zwar erhalten, aber sehen konnte er damit nichts mehr.

Das blinde linke Auge wurde entscheidend für seinen späteren Lebensweg: Es diente als Begründung dafür, ihn sieben Jahre später auf die höhere Schule zu schicken. „Zu einem Handwerk oder für die Landwirtschaft taugt er einmal nicht; der gehört ins Büro", lautete die allgemeine Meinung, als der ungewöhnliche Schritt gewagt wurde.

Pflanzen hatte er wollen

Gerne ging der Kleine zum hohen Fichtenwald hinüber. Mit guten Gründen hieß das Anwesen, auf dem er zur Welt gekommen, „Hohe Fichte". Hohe Rottannen, die mit dem Tageslicht die Farbe wechselten, am Morgen ganz dunkel und am Mittag kräftig grün schienen, bildeten den Hintergrund des Hofes, in dessen Austragshaus sich die Mutter als nahe Verwandte eingemietet hatte. Weit lief er nicht hinein ins Gehölz, aus Angst, sich zu verirren. Einmal freilich trug die Neugierde den Sieg über die Ängstlichkeit davon.

Unversehens geriet er so an eine feuchte Lichtung. Vor einem Nest Schlüsselblumen blieb er stehen. Die gelben Blüten waren ihm gut vertraut. Größere Mädchen, die gerne nachmittags bei seiner Mutter vorbeischauten, um mit seltener Wolle und Stoffresten zu spielen, brachten manchmal einen Strauß solcher Blumen mit.

„Hätten wir sie daheim, müßten wir sie uns nicht schenken lassen", dachte er. Es lockte ihn, die Pflanzen heimzutragen. Vorsichtig stocherte er mit einem dürren Ast die Wurzeln frei. Schmutzige Hände wollte er um jeden Preis vermeiden. Den ausgegrabenen Stock wickelte er in ein großes Huflattichblatt, wie er es oft gesehen hatte, wenn etwas feucht gehalten werden sollte, und rannte heim, als müßte er ums Leben laufen. Schnell schaufelte er ein kleines Loch neben der Haustreppe und setzte die Pflanze ein, begoß sie mit Wasser und wartete, was jetzt geschähe. Lange schaute er hin. Vergeblich. Die Blume blieb reglos. Er schlief darüber ein. Die Mutter muß ihn wohl ins Haus getragen und den müden Gärtner ins Bett gelegt haben.

Am nächsten Morgen galt der Schlüsselblume sein erster Gedanke. In der Kaffeetasse nahm er gleich Wasser mit, sie zu gießen. Aber leblos lagen ihre Blätter auf dem schwarzen Erdreich. Völlig verwelkt war die Blume, die gestern den Wald geschmückt hatte.

Pflanzen hatte er wollen, und erleben, wie eine Blume in seinem Garten blüht; das Sterben hatte er gesehen, dem Tod war er begegnet. So kams ihm vor. Die Blüten waren hingesunken, wie der Kopf des kleinen Spatzen, der an einem Wintermorgen erstarrt auf dem Fensterbrett gelegen war.

Übersehen

Als Vierjähriger wurde er kurz vor Weihnachten zusammen mit den anderen Kindern des Dorfes in den Betsaal geladen. Zahlreich waren die Verhaltensanweisungen, die ihm die Mutter mit auf den Weg gab. „Grüß die Leute freundlich, an denen du vorbeigehst; sei nicht vorlaut; gib schön Antwort, wenn man dich etwas fragt."

Voller Erwartung machte er sich auf den Weg. Er wohnte etwas abseits vom Dorf und fürchtete, der letzte zu sein, der sich bei den frommen Leuten, die man „Beter" nannte, einfände. Sein Herz pumperte, als er die Bodenstiege zum Betsaal hochstieg; zum erstenmal ging er nicht an der Hand der Mutter, sondern zog sich auf eigene Faust an einem fremden Geländer hoch. Still drückte er sich in die hinterste Ecke, hoffend, daß er entdeckt und nach vorne geholt würde. Aber man übersah ihn.

Ganz einsam fühlte er sich unter so vielen Kindern. Sie sangen — aber er kannte ihre Lieder nicht. Sie lärmten herum, er aber konnte nicht mittun, alle waren ihm fremd, und er ihnen erst recht, so blieb er stumm. Übersehen, gänzlich vergessen, kam er sich vor. Am liebsten wäre er auf und davon. Aber es sollte ja noch etwas geben. Neben den Bankreihen standen zwei Waschkörbe an der Wand, voller Päckchen. Das wollte er sich doch nicht entgehen lassen.

Endlich war es so weit. Die Schwester mit der Haube beendete ihre Erzählung. Die Verteilung begann. Wie wild führten sich die Kinder auf. Es dauerte ziemlich lange, bis sie zur Ruhe gescheucht waren.

Die Schwester, die so sanft und singend gesprochen hatte, war recht laut geworden. Die Kinder, die ein Paket bekamen, rissen das schön bedruckte Weihnachtspapier herunter, reckten ihre Kleinigkeiten hoch und zeigten sie stolz herum. Vor allem die Nikolaus-Figuren mit ihren langen Bärten imponierten dem Fremdling.

Immer leerer wurde der Korb. Jetzt wurde schon der zweite ausgeräumt. Und der Lärm schwoll immer lauter an. Viele fürchteten offenbar zu kurz zu kommen. Ob für den Gast auf der letzten Bank noch etwas bleiben würde? Daß er als letzter drankäme, daran zweifelte er nicht mehr. Zurückhaltung war ihm auferlegt worden. Äußerlich gelassen, innerlich aber vibrierend wie die Telefondrähte draußen im eiskalten Winter, harrte er aus.

Genau vor ihm wurde der Korb leer.

Still und unauffällig verzog er sich, schlich die Treppe hinunter, ihr Knarren kam ihm vor wie Sirenengeheul, und machte sich auf den Heimweg. Er schämte sich, daß er zu kurz gekommen war. Die Gastgeber werden es bei dem Trubel, der herrschte, nicht einmal gemerkt haben, daß sich da einer davonschlich. Sie waren zufrieden mit ihrem guten Werk.

Ihm aber drückte es fast den Hals ab. Kein Wort brachte er heraus, als er daheim befragt wurde, was denn alles los gewesen sei. Die Scham der vom Schicksal Vergessenen machte ihn stumm.

Brautschau

Endlich war es so weit: dem längst heiratsfähigen Onkel, dem ältesten Sohn der Familie, war ein Mädchen aus einem guten Hof empfohlen worden, das durchaus als Bäuerin und Wirtin in Frage käme. Sie bringe gute Voraussetzungen mit, lobte sie der „Schmuser". Sogar die Landfrauenschule in Triesdorf habe sie besucht. Das mache sich besonders gut, wo doch auch der junge Hoferbe auf die Winterschule gegangen sei. Außerdem habe sie seit langem Erfahrung in der Haushaltführung: seit dem plötzlichen Tod ihrer Mutter führe sie nämlich ihrem Vater und den Geschwistern den Haushalt. Das sei besonders günstig,

weil sie ja in einen Hof einheiraten müsse, wo vor ein paar Jahren die Bäuerin gestorben sei. Schließlich käme sie noch von weit her, aus der Rothenburger Gegend. Dieses Argument des Kupplers schlug freilich nicht durch: „Von weit her ists gut lügen", lautete eine Lebensweisheit, die vor allem im Zusammenhang mit dem Heiraten beachtet wurde, besonders gründlich natürlich von der Nachbarschaft. Aber dieses Bedenken war schnell ausgeräumt: man hatte selber enge verwandtschaftliche Beziehungen zu dem Dorf, in dem Empfohlene lebte, die dortigen Wirtsleute gehörten zur Freundschaft.

Am besten, man schaute sich den Hof und die Familie einmal an.

Mit dem einzigen Automobil, das es weit und breit gab — ein wenig Staat wollte man schon machen —, reiste man an, der junge Freier, dessen alter Onkel, Großvater des kleinen Hans, der auch mitdurfte. Offenbar wollte man herausbekommen, wie sich die junge Frau und ihre Familie zum kleinen Buben verhielten und daraus sich einen Vers auf ihre allgemeine Einstellung machen.

Festlich wurde die Delegation empfangen. Eine mordsmäßige Aufwartung gabs: Kaffee und Gugelhupf. Eine ausgedehnte Runde auf dem Hof, die dem jüngsten Besucher recht langweilig wurde, schloß sich an. Die Zuneigung des kleinsten Gastes erwarb sich das freundliche Objekt der großen Männerneugier durch einen stattlichen weißen Bären, der in der guten Stube auf dem Vertiko stand und den der Kleine so lange bestaunte, bis sie ihn herunternahm und hinzufügte: „Da, den darfst du behalten." So etwas Schönes hatte er noch von niemandem geschenkt bekommen. Das mußte eine gute Frau sein.

„Die haben ihre Sachen in Schuß", lautete das anerkennende Urteil der Heimfahrer, die vorher freilich noch ein wenig im Wirtshaus bei der schon bestehenden Verwandtschaft eingekehrt waren. Der junge Begleiter verstand nicht recht, was da geschossen wurde. Aber er getraute sich nicht zu fragen. Wenn die Großen redeten, hatten die Kleinen den Mund zu halten. Vielleicht hings mit dem Böller zusammen, der bei solchen Gelegenheiten immer soviel Krach machte, reimte er zusammen.

Was sich während der nächsten Wochen abspielte, blieb den Augen des aufmerksamen Beobachters verborgen. Er sah nur, wie der Onkel häufiger als sonst an seinem Fahrrad herumputzte und seltener als sonst zu Hause war. Auch aus den Bemerkungen der Eltern hörte er manches heraus; seine Mutter führte nämlich den verwaisten Haushalt. Vor allem aber wurde auf dem Hof fleißig verschönert. Der seit langem geplante Stallbau wurde energisch vorangetrieben; weit und breit gab es keine so moderne Anlage.

Zwischen Heu- und Getreideernte war es so weit: ein gewaltiger Bräutelwagen fuhr vor. Er brachte die Aussteuer der jungen Frau. Alles, was zu einem ordentlichen Hausstand gehörte, war möglichst sichtbar auf dem riesigen Fuhrwerk aufgebaut: zwei Bettstatten standen drauf, sauber bezogen mit strahlenden Kopfkissen und leuchtenden Decken, auch das dunkle Vertiko und die schöne Kredenz und die breite Kommode erkannte er wieder. Eine ganz moderne Nähmaschine entdeckte er, schöner als die der Mutter, und gleich zwei Spinnräder. Und alles war mit bunten Papierblumen geschmückt und mit Bändern und Schleifen verziert. Das ganze Dorf stand herum und staunte.

Weil sie von weit hergekommen, war es schon etwas später geworden, so daß der fremde Schreinermeister, der extra bestellt worden war, gleich das Kommando übernahm und unter wortreicher Anleitung den Kammerwagen abladen und alles an Ort und Stelle bringen ließ.

Am Haus waren schon oft Bräutelwagen vorbeigefahren. Aber keiner war so groß und so schön. Er gehörte ja auch der, die ihm den weißen Bären geschenkt hatte.

Aus Freude, wieder eine Wirtin zu haben, schossen die jungen Burschen des Dorfes kräftig mit dem Böller.

Hausbau

Sechs Jahre war er alt, da trafen seine Eltern eine wichtige Entscheidung: sie entschlossen sich, ein eigenes Häuschen zu bauen. Stunden, ganze Abende lang, ratschlagten sie. Ihr Bub durfte nur selten dabei sein. Manchmal schaffte er es, indem er sich eine Beschäftigung suchte, die ihm eine gute Begründung dafür lieferte, etwas länger aufbleiben zu dürfen. Er schien ganz verbohrt zu sein in sein Spiel. Augen und Hände waren wie gebannt. Mit den Ohren aber luste er auf das, was die Eltern erörterten.

Alle Erfahrung sprach dafür, sich etwas Eigenes zu schaffen. Vor allem auch die Propaganda, die jetzt für den Siedlungshausbau gemacht wurde. Aber in eine Siedlung wollten die Eltern nicht ziehen, sondern im Dorf ihrer Kirchengemeinde bleiben. Daß ein Schulkamerad und Vetter des Vaters auch mit dem Gedanken spielte, zu bauen, spornte zusätzlich an. Die Arbeitsplätze schienen endlich wieder sicher. Wirtschaftlich ging es überall aufwärts. Und schließlich: seitdem in den verwaisten Haushalt, den die Mutter als Nichte versorgt hatte, und in dem die Eltern zur Miete wohnten, eine junge Frau eingeheiratet hatte,war sie dort entbehrlich. Nur am Geld haperte es. Gerne hätte man noch ein paar Jahre gespart. „Mit der Miete können wir auch die Zinsen bezahlen", rechnete die Frau ihrem etwas zögerlichen Mann vor. Ausschlaggebend war, daß der Vater als Maurer viel selber machen konnte.

Gleich mit Frühjahrsbeginn gings los. Die ganze Verwandtschaft half zusammen. Für Kinder waren das bewegte Zeiten. Jeden Tag gabs neues zu sehen und zu lernen. Für ein paar Wochen verlagerte die gesamte Dorfjugend ihren Spielplatz auf die Baustelle. Seit dreißig Jahren war es das erste Haus, das aus dem Boden wuchs.

Hin und wieder gab es auch Arbeiten, bei denen sie mittun konnten. Zum Beispiel, als in einer Großaktion die Nachbarn mit ihren Gespannen Fuhre um Fuhre Backsteine anlieferten und aus der Grube den gelben Sand anfuhren. Am Abend waren die zarten Hände des kleinen Hans jämmerlich zugerichtet, voller Risse und Schwielen. Handschuhe anzuziehen hätte er sich geschämt. Erst als er bei den Alten sah, wie die sich aus einem Stück Fahrradreifen oder einem Lederlappen Schoner schnitten, strebte auch er nach einem solchen Schutz.

Seine Mutter tat ihm oft leid. Die war nämlich einer der drei oder vier Handlanger auf der Baustelle, dafür verantwortlich, daß die Maurer stets genügend Mörtel im Kübel und genug Steine auf dem Gerüst liegen hatten. Er konnte ihr höchstens dabei helfen, die Steige, wie man das breite Rückenbrett nannte, bis obenhin mit Steinen zu beschlichten. Manchmal drohte die Trägerin unter der Last schier zusammenzubrechen. „Mir wackeln die Knie, ich muß mich ein wenig hinsetzen", stöhnte sie, als es im Sommer dem Ende zuging.

Später, im Herbst, ging dem Buben ein Licht auf — er verstand auch, warum die Mutter mit dem Bauen gar so gedrängt hatte: es wurde nämlich eine kleine Schwester geboren.

Spannend wurde es auf der Baustelle, als die Zimmerleute kamen und die erste Holzdecke einzogen. Die ganze Konstruktion — dem Bub kam sie riesig vor — wurde auf der Wiese, Balken für Balken, ausgelegt und abgebunden. Er durfte Stift spielen und bei einem besonders netten Zimmermann mithelfen. Ein paar dicke Balken, die Pfetten, wurden sogar noch mit dem großen Zimmermannsbeil aus einem runden Baumstamm herausgeschlagen und schön vierkantig zugerichtet. Am Abend war die Wiese weiß als hätte es geschneit: Lauter Hack- und Hobelspäne lagen herum und eine dünne Sägmehldecke breitete sich drüber.

Besonders aufregend gings her, als ein paar Säcke Kalk gelöscht wurden: in der Tonne, wo Wasser und weiche Masse aneinander gerieten, begann es zu brodeln, kochen, dampfen, dunsten und rauchen, daß der Bub Augen und Ohren aufriß. Nur aus weitem Abstand durfte er zusehen. Schon der kleinste Spritzer mache blind, hieß es. Den ganzen Tag fragte er herum, warum das so sei. „Das ist halt so", sagte man ihm. Viele Jahre mußte er warten, bis er eine Antwort erhielt auf das, was sich da tat: von Chemie hatte man keine Ahnung. Man war schon zufrieden, das Material zu haben, das man brauchte, um Keller und Kammern schön weiß tünchen zu können.

Zum Richtfest fanden sich alle ein, die je mitgeholfen hatten und noch mithelfen würden. Das ganze Dorf war versammelt. Aufwendig wurde es nicht begangen. Aber ein paar Kästen Bier mehr als sonst wurden schon aufgestellt. Und außerdem ging man abends ins Wirtshaus, um das Werk zu feiern. Der erste Zimmermann erschien in einer schwarzen Manchesterhose mit riesig weiten Beinen, einem weißen Hemd und einer schwarzen ärmellosen Manchesterweste, an der zwei weiße Knopfreihen strahlten. Außerdem hatte er ein großes rotes Sacktuch bei sich. Ehe man sich auf den Weg ins Wirtshaus machte, nagelte er auf dem Dachfirst ein mit bunten Bändern geschmücktes Fichtenbäumchen an, sagte ein langes Gedicht auf, warf ein leergetrunkenes Weinglas herunter und wurde dann ganz still: die Anwesenden sprachen das Vaterunser.

Ende September war Einzug.

Es dauerte noch manchen Monat, fast schon manches Jahr, bis alles in Ordnung gebracht war. Vor allem ums Haus herum.

Immer wieder hörte der kleine Hans, wie die Eltern über ihre Geldsorgen sprachen. Bei vierzig Pfennig Stundenlohn war es offenbar recht schwer, alle Vierteljahre den Zins zur Bank zu tragen, der fällig war.

Er hatte erlebt, daß es kaum ein Ereignis im Leben der Leute gibt, das sie so sehr beschäftigt und so tiefe Spuren hinterläßt, wie der Bau ihres Hauses.

Aufklärung

„Irgend etwas liegt in der Luft", fürchtete der kleine Hans, als er gegen Abend vom Dorfrundgang heimkam. Oder war es das schlechte Gewissen? Im alten Schießstand, in der Höhlgrube — so der Name der unermeßlich tiefen finsteren Furche, die sich am Ortsende in den Waldhang hineingrub — hatten sich nämlich die Dorfbuben am Nachmittag über ein Thema unterhalten, zu dem der Siebenjährige nichts beitragen konnte, das ihn aber peinlichst interessierte: wie die Kinder zustandekommen.

Wären die kleinen Mädchen im Dorf nicht manchmal ohne Hosen herumgesprungen, hätte er nicht einmal gewußt, daß es zweierlei Menschen gibt.

Sehr viel schlauer war er nach den gescheiten Reden seiner Altersgenossen auch nicht. Offenbar waren auch die mehr auf Vermutungen angewiesen, als daß sie Tatsachen kannten. Außerdem schien ihnen bei der Erörterung dieses Themas nicht sehr wohl zumute zu sein. Weil aber sonst über derartiges nie gesprochen wurde, war sein Gewissen doch nicht ganz sauber.

Entgegen seiner Gewohnheit blieb der Vater nach dem Abendessen etwas länger am Tisch sitzen. Zögernd drückte er die Frage an den Ältesten heraus, ob er denn schon wisse, wo die Kinder herkommen. „Ja, von der Mutter", war die verlegene Antwort. Da blieb das Gespräch auch schon hängen. Wie ein festgefahrenes Fuhrwerk. Ungewohnt früh und schnell verzog sich der Sohn ins Bett. So leicht fiel ihm der Gang in die Schlafkammer nur selten.

Ein paar Tage darauf, als er einer Beschäftigung nachging, die er regelmäßig verfolgte, sobald sonst niemand im Hause war, stieß er in der großen Kommode auf ein Buch, das er vorher nie gesehen hatte: auf ein „Doktorsbuch". Die Mutter blieb an diesem Tag besonders lang aus, sie tauchte erst auf, als auch der Vater Feierabend machte. Ihr Junior hatte viel Zeit, sich darüber zu informieren, wie die Kinder entstehen, wie's im Leib der Mutter aussieht und wie sie zur Welt gebracht werden.

Mit einer Art respektvoller Scheu betrachtete er von da an die Eltern, vor allem die Mutter.

Und ein zweites hatte diese offensichtlich nicht ganz unbeabsichtigte Art der Aufklärung bewirkt: der Bub glaubte, sich ziemlich genau auszukennen, und hatte es deswegen nicht nötig, an diesen Geheimnissen im Kreis seiner Altersgenossen herumzurätseln. Im Gegenteil, wenn die Sprache auf dieses Thema zu kommen drohte oder das gemacht wurde, was er für schlechte Witze hielt, kämpfte er nach Kräften dagegen an.

Im übrigen blieb das Doktorsbuch lange dort liegen. Und oft studierte der Bub drin herum, las fleißig, betrachtete die Abbildungen und verglich es mit diesem und jenem, was er im Lauf der Zeit so hörte.

Auf Leichenschau

Der jüngste Sohn vom „Halbwegschmidt" — so der Hausname, weil das Anwesen auf halbem Wege zum Kirchdorf lag — war an einer geheimnisvollen Krankheit gestorben; noch nicht einmal zur Schule war er gegangen.

Gegen Abend schickte die Mutter den Siebenjährigen hinüber, den Leichnam zu besehen, der jetzt sicher aufgebahrt sei.

Eigentlich wollte er gar nicht, aber das Angebot, etwas ganz neues zu entdecken, drückte ihn doch. So ging er halt die zweihundert Meter hinüber, schwankend zwischen Neugier und Angst.

Ganz ausgeräumt war die Kammer, und kühl war es wie in einem Keller. Nur eine Kommode stand an der Wand, daneben blätterten viele Schichten Kalk ab.

Mutterseelenallein stand er vor dem Sarg, wie angewurzelt. Von der Mutter des Verstorbenen war er zwar hineingeführt worden, sie hatte auch ein paarmal geseufzt, war um den Sarg herumgegangen, hatte am Tuch und am Matrosenanzug herumgezupft, den man dem Kinderleichnam angezogen hatte. Aber dann hatte sie den Nachbarsbuben allein gelassen. Nur die Tür zur Kammer stand offen, wohl damit der junge Leichenbeschauer sich nicht fürchten sollte.

Er kam sich recht verlassen vor. Fast bedroht. Wars der Sarg oder der Leichnam, die ihm viel länger erschienen, als er den Nachbarsbuben zu Lebzeiten in Erinnerung hatte? Eiskalt wirkte der Tote, wächsern, gefroren, wie bemaltes Glas, wie die Eisblöcke, die im Winter aus dem Weiher vor dem Wirtshaus an der

„Hohen Fichte“ herausgezogen wurden. War es überhaupt der, den er gekannt hatte? Er wars: Sein gefrorenes Lächeln wies ihn als Halbwegsschmidts-Kind aus, denn die hatten alle dieses freundliche, durch niemanden und nichts, nicht einmal durch den Tod vom Gesicht zu vertreibende lächelnde Geschau. Nur: jetzt wirkte es ganz anders.

Lange kam es ihm vor, wie er in verlassener Neugierde verharrend dastand, mal still betend, dann anderen Gedanken nachhängend. Vermutlich wars nur kurz, aber die Sekunden waren mit Gedanken ausgefüllt wie Stunden.

Und immer wieder drückte ihn die Frage: ist er es wirklich?

Sein starres Lächeln wies ihn unverwechselbar aus. Er mußte es sein: Und er war es dennoch nicht!

Verhaltensmaßregeln waren ihm zuhause ausnahmsweise nicht mitgegeben worden, außer der, „ganz leise zu sein“. So stand er, stiller noch als beim Vaterunser in der Kirche.

Da packte ihn eine unbändige Neugier. Er mußte den Leichnam anfassen — ob er sich traute oder nicht. Ein unsichtbarer Nervenkampf begann zwischen seinen beiden Händen: die eine wollte hinlangen, die andere ließ es nicht zu. Die, die wollte, die linke, schaffte es schließlich doch: ganz kurz nur. Tatsächlich, die Leiche war schrecklich starr, wie gefroren.

Heroisch, korrekt, ganz leise, verließ er das Zimmer. In Wirklichkeit wars eine Flucht. Die Flucht vor einem Toten, den er berührt hatte.

Auf dem kurzen Heimweg fing er zu fragen an. Sich selber frug er, nicht andere, wie das denn sei mit dem Sterben. In solchen Dingen brauchte man lange, bis man anderen gegenüber den Mund aufmachte. Über besonderes Wichtiges schwieg man lieber. Mit Kindern redete man über Derartiges schon gar nicht. Keiner ließ sich gerne ins Innerste schauen. Das hatte er schon herausbekommen. Auch er unterließ die Fragerei und suchte Antwort auf eigene Faust.

Begräbnis

Die Großmutter war gestorben. Schon am Vormittag brachen die Eltern zu dem zwei Wegstunden entfernten Dorf auf, wo die Mutter herstammte. Zu groß für den Kindersitz, aber noch ohne eigenes Rad, durfte ihr Ältester beim Vater auf der Fahrradstange sitzen. Am Ortseingang hielten sie an, um ihrem Ältesten den letzten Schliff zu geben. Sicherheitshalber fuhr die Mutter dem sich heftig Sträubenden mit ihrem schnell befeuchteten Taschentuch übers Gesicht.

Seinen Anfang nahm das Begräbnis in dem Haus, dem die Großmutter viele Jahrzehnte ihre Gesinnung eingegeben hatte.

Nie anders als im spitzgiebelig nach oben gefalteten dunklen Kopftuch war die alte Frau zu sehen gewesen. So lag sie jetzt auch im Sarg. Dem Sohn ihrer jüngsten Tochter war sie besonders zugetan gewesen. Kein Wunder, daß es umgekehrt kaum anders war, ein aufregender Tag also für den Achtjährigen — nicht nur bestimmt von Neugierde, sondern auch vom Gefühl, einen Menschen zu verlieren, wie er ihn nie wieder finden würde.

Die von fern angereisten Verwandten waren in der guten Stube noch mit dampfender muskat- und safrangewürzter Nudelsuppe und mit jungem Rindfleisch bewirtet worden. Dann kam der Augenblick, wo die Familie noch einmal am offenen Sarg Aufstellung und Abschied nahm.

Jetzt fanden sich die Dorfbewohner ein, um den Angehörigen ihr Beileid auszusprechen. Die Männer im schwarzen Anzug, der nur bei derartigem Anlaß oder beim heiligen Abendmahl getragen wurde, so daß er ein Leben lang hielt; die Frauen in ihren schwarzen Kleidern, in dunkler Tracht die Alten unter ihnen, mit bodenlangen Röcken und engen Miedern, die jungen Mädchen in Konfirmandenkleidern, die ziemlich spannten; an den schwarzen Spangenschuhen quollen die schafwollenen Strümpfe heraus. Eine Wolke von Mottenkugelgeruch hüllte die Versammlung ein.

Wieder stand er vor dem blassen, marmornen Antlitz eines Toten. Die schmalen Lippen wirkten wie versteinert; die Falten, die sich sonst in der Haut nur zeigten, wenn sie den Mund zu behaglichem Pfeifen spitzte, während sie mit ihrem Enkel in der Holzlege an einem kleinen Pferdegespann bastelte, diese Falten wirkten jetzt wie eingekerbt. Tot war das Antlitz, mit Schlaf hatte das nichts mehr zu tun, wenn auch die Augen geschlossen waren wie bei Schlafenden. Die Steinfiguren, die er in der großen Kirche in der Kreisstadt Feuchtwangen gesehen hatte, erschienen ihm geradezu lebhaft, verglichen mit dieser Starrheit und Kälte. Auch das schwarze Kopftuch, das zu diesem Antlitz so selbstverständlich wie die Augen gehörte, milderte nicht die Eiseskühle — und das mitten in der Schwüle eines Augustmittages. Der ratlose Enkel spürte, daß er allmählich mit dem Tod vertraut wurde.

Einige Nachbarn traten im Gehrock an den Sarg und nagelten ihn zu. Da erwartete der Bub, daß auch bei seiner Großmutter eine Silberkrone auf das Deckbett oberhalb des Kreuzes gestellt würde, wie vor kurzem bei der alten Müllersretta. Nein, das ginge nicht, denn diese Krone sei ein besonderes Zeichen, das nur bei Unverheirateten aufgestellt wurde, erläuterte die Mutter flüsternd. „Auch kein Trost dafür, daß man die alte Rett im Leben arg herumgeschubst hat", dachte er.

Die Nachbarn im vornehmen Gehrock hoben den Sarg von den beiden Holzböcken und stellten ihn über der Türschwelle nieder: die Anwesenden sagten laut das Vaterunser auf. Dreimal hoben und senkten sie ihn, wohl im Namen der heiligen Dreifaltigkeit.

Inzwischen hatte der tüchtigste Stangenreiter des Dorfes — so hieß der erste Knecht — auf dem Sattelgaul reitend sein stattliches Gespann und einen riesigen Leiterwagen mit unhörbaren Kommandos vorgefahren. Der Sarg und die Kränze wurden aufgeladen. „Der hat was los", lobten die Trauergäste unterwegs den Fuhrmann, wenn er seine Aufgabe möglichst lautlos gelöst hatte. Später, als die Pferde aus den Dörfern weggeholt wurden, besorgten den Leichentransport die leichten Schlepper, Bulldogs genannt, deren langsames, regelmäßiges Tuck-Tuck-Tuck das Klappern der Hufe ersetzte.

Gut eine Stunde Wegs lag zwischen dem Weiler der Großeltern und dem Kirchdorf. Wie bei Taufgängen und Hochzeitszügen auch, wurde der enge Kirchenweg mit den ausgefahrenen Fuhrgeleisen benutzt Ungezählte Male war ihn die gegangen, die jetzt im Sarg lag — sonntags zum Gottesdienst, zehnmal zur Taufe ihrer Kinder, oft wohl auch eingereiht in große und kleine Leichenzüge und an den hohen Feiertagen schließlich, um die Grabstätten der Familie, darunter drei Kindergräber, zu pflegen.

An der Gemarkungsgrenze zum nächsten Ort hielt das Fuhrwerk noch einmal an. Die Teilnehmer sollten an ihr eigenes Ende denken und für den unbekannten Nächsten beten, der sterben würde.

Am Friedhof des Kirchdorfes erwartete der Pfarrer den Zug. Vorne stand der Kreuzträger, dahinter der Schulchor und der Gesangverein.

Soldatisch stramm löste sich der Großvater vom Leichenzug, wischte sich mit dem Handrücken über die Augen und ging gemessenen Schrittes auf den Pfarrer zu, dem er, allen Leuten sichtbar, den Leichenschein überreichte. Als er sich vom Pfarrer abwandte, strich er wieder mit dem Handrücken übers Gesicht. Dem Enkel schien es unfaßbar, diesen großen, sonst so stolzen, Mann weinen zu sehen. Und er schämte sich nicht einmal seiner Tränen.

Nach der kirchlichen Handlung am Grab und nach dem Gottesdienst in der Kirche, der so ablief wie jeder festliche Sonntagsgottesdienst auch, fanden sich alle, die geladen waren, zum Leichentrunk im Wirtshaus ein. Für die Männer gabs Bier, für die Frauen Kaffee. Je nach Bestellung der Gastgeber standen Semmeln, Brezen, Butterhörnchen oder auch Kuchen auf dem Tisch. Vertrug sich das denn mit dem traurigen Anlaß des Zusammenseins? Offenbar hatten derartige Treffen doch ihren Sinn: von weither war man gekommen — und nicht alle Tage sah man sich.

Das Gespräch kam schnell in Gang. Zu lange hatte man Ruhe geben müssen. Das verlangte nach Entspannung. Gute Unterhalter waren sogar auch an diesem Tage gefragt und geschätzt. Mitunter entlockten sie den einen oder anderen Lacher. Nach einiger Zeit füllte ein munteres Geschnepper den Gasthaussaal. Und die Aschenbecher füllten sich mit den Resten der Stumpen; Bierfilze lagen herum; die Plätze wurden gewechselt, um mit dem und jenem Vetter noch ein Wort zu wechseln. So vollzählig traf sich die Freundschaft nur aus solchem Anlaß.

Es ziemte sich, nicht zu lange, aber auch nicht zu kurz zu bleiben. Fünf Viertelstunden waren eine gute Zeit. Man wollte außerdem noch vor Einbruch der Dunkelheit wieder daheim sein. Dort wartete meist noch Stallarbeit auf einen. Feierlich nahm man Abschied.

Der Haushaltsvorstand beglich freilich, ehe er sich auf den Heimweg machte, meist noch beim Pfarrer oder beim Kirchenpfleger die Rechnung — er zahlte die Stolgebühren. Und auch zum Lehrer ging er gleich, denn die Kinder warteten auf ihr Sängergeld, zehn Pfennige war damals der Gebührensatz, den der einzelne für seine Mitwirkung im Schulchor erhielt. Wer dick tun wollte, konnte auch ein paar Pfennige mehr zahlen. Aber das gehörte sich eigentlich nicht. Manchmal wünschten sich die Jungen, es stürben mehr.

Experiment

„Es war, als wäre ihm sein Tod vorgegangen", sagte die Mutter, als die Nachricht im Dorf eintraf, der Schwabs Hans sei an der Ostfront gefallen, einziger Sohn, vorgesehen als Erbe eines Anwesens, das seit Jahrhunderten in den Händen der Familie lag. Im ganzen Dorf war er beliebt, weil er, wie man sich lobend erinnerte, immer freundlich, hilfsbereit und stets zu einem kleinen Jux aufgelegt war. Beim Dreschen war er der jüngste Maschinenführer gewesen, und besser als alle vor ihm, lobte das Dorf. Bei seiner Verabschiedung von den Familien des Dorfes hatte er sein Luftgewehr seinem jüngeren Vornamensvetter mit der Begründung übergeben: „Ich brauche es ja doch nicht mehr." Er war nicht nur tüchtig, sondern auch gutherzig. Und: „Er hats geahnt, daß er draußen bleibt", war die allgemeine Auffassung im Dorf, als nach dem Gedächtnisgottesdienst auf dem Heimweg die Gedanken ausgetauscht wurden. Dem Erben der kleinen Flinte war die schöne schmale Waffe eine besondere Kostbarkeit.

Was aus ihm wohl geworden ist, der jetzt irgendwo in Rußland eingegraben liegt? Und aus dem kleinen Halbwegschmidts-Hans? Und aus der Großmutter? Und aus den anderen, an deren Beerdigung er als Leichensänger schon teilgenommen hatte? Diese Fragen ließen ihn nicht mehr los.

Heimlich schoß er am Mühlbach einen stattlichen Vogel. Es muß ein Buntspecht gewesen sein, der sterbend vom Erlenbaum fiel. Heimlich vergrub er ihn an einer verborgenen Stelle im Garten unter den hohen

Haselsträuchern. Möglichst wenig einsehbar mußte die Ecke liegen, denn in drei Wochen wollte er die kleine Grube wieder öffnen, und zwar ohne Zeugen.

Der wißbegierige junge Wilderer verging schier vor Ungeduld. Täglich trieb er sich am Vogelgrab herum. Was unter dem Rasen wohl vor sich ging?

Endlich, am dritten Mittwochnachmittag, als die Mutter ihre wöchentliche Einkaufsfahrt in die Stadt machte, so daß er sich vor ihr sicher fühlen konnte, war es soweit. Sorgsam und mit schlotternden Knien hob er den Rasen weg, der über dem toten Vogel lag.

Ja, lebt er denn noch?

Es war, als bewegten sich die ausgespannten Flügel fast rhythmisch auf und ab, wenn auch nur ein wenig.

Ein Mordsschreck fuhr ihm in die Glieder. Am liebsten hätte er die schwere große schöne Grasnarbe, die er immer noch in den Händen hielt, auf das bunte Gefieder geworfen, um die Schwingen endgültig bewegungsunfähig zu schlagen. Aber die Neugierde hinderte ihn. Vorsichtig legte er den Rasenballen zur Seite, suchte ein Stück Reisig und fing zu stochern an. Da fiel die bunte Pracht auseinander. Drunter kam ein ganzes Knäuel fetter weißer Maden zum Vorschein. Schnell verschloß er das Grab.

Von da an fühlte er zum Totengräber eine besondere Beziehung, von der dieser übrigens nie erfuhr. Es war die Verbundenheit der Wissenden.

Die Gedanken, die er mit dem fernen Sterben des Schwabs-Hans verband, behielt er für sich.

Das Luftgewehr wurde im übrigen künftig nur mehr zum Scheibenschießen verwandt. Mit einer Ausnahme.

Dorfbiograph

Seitdem der Hans als einziger vom Dorf das Gymnasium besuchte, damals Oberschule genannt, fiel ihm die Aufgabe zu, die Lebensläufe der Verstorbenen aufzuzeichnen. Schließlich genoß er als einer, der „auf die Schule" ging, den Ruf, im Schreiben besonders geübt zu sein. Die Kurzbiographien wurden dem Pfarrer überreicht, der sie im Beerdigungsgottesdienst vor seiner Predigt mit dem ausdrücklichen Hinweis verlas, sie seien „nach dem Willen der Angehörigen abgefaßt" und von diesen ihm übergeben. Die Gemeinde hörte die Verlesung mit atemloser kritischer Aufmerksamkeit an. Wurde auch nicht ein wenig zu schön gefärbt? Und wurde nicht zu viel verschwiegen? War die Ehe wirklich so glücklich, wie da behauptet wurde? Wehe, wenn der einmal nebenhinausgegangen war, weil er es nicht so genau nahm.

Die Lebensläufe der Verstorbenen glichen einander wie die Lebenden im Sonntagsstaat — so lange man nicht genau hinschaute. Bei gründlichem Besehen verbarg sich aber hinter den Marksteinen eines normalen Lebens viel Persönliches. Viel bedeutete es den Männern, wenn einer langjähriges Mitglied im Gesangverein oder im Kyffhäuser-Bund war, wie sich damals manche Kriegervereine nannten. Und mit Gesprächs- und Erinnerungsstoff für manche Abende erfüllte die Männer ihre aktive Militärzeit bei den Trichterpionieren oder bei den Ansbacher Königsulanen oder bei den Münchner „Chevaulegers". „Schwoleschees" schrieb der Dorfbiograph das erstemal, ein wahrer Lautmaler, dieses fremde Wort. Vergeblich hatte er in dem abgegriffenen und vergilbten Lexikon gesucht, das er aus dem Nachlaß eines alten Oberlehrers geerbt hatte. Auf die Idee, unter dem Buchstaben „C" nachzusehen, war er beim besten Willen nicht gekommen.

Es war ebenso lehrreich wie schwierig, vor allem aber auch riskant, Leichentexter zu sein. Groß war das Dorf nicht; nur selten gab es Gelegenheit zur Übung. Bis zum Abitur blieb ihm dieses Gelegenheitsamt ohne direkten Auftrag — ein Stück Nachbarschaftshilfe.

Leichenbitter

Als gegen Ende des Krieges und die erste Zeit danach die Leute sehr knapp waren, mußte manches Amt, das sonst nur von Erwachsenen ausgeübt wurde, schon von älteren Schulkindern wahrgenommen werden. Zum Beispiel das des Leichenbitters. Ein wenig komisch kam sich der Hans mit seinen dreizehn Jahren schon vor, fand es andererseits aber doch auch recht interessant, als er im dunklen Anzug mit feierlicher Leichenbittermiene durch die Gegend radeln mußte, um die Vettern und Basen, nahe und fernere

Verwandte eines Verstorbenen „zur Leich zu bitten". Ein letztesmal wurden sie zum Toten gerufen — eben zur Leiche —, und zugleich zur Veranstaltung.

Auch die finanzielle Seite dieser Dienstleistung war geregelt: die Informierten hatten die Entlohnung zu tragen, ein paar Eier, die in einen Mehlsack gesteckt wurden, damit sie nicht zerbrachen, ein Markstück und — je nach Jahreszeit — ein paar Bratwürste oder andere Nahrungsmittel.

Ehe sie damit herausrückten, hatten sie freilich die üblichen Erkundigungen eingeholt — über den genauen Zeitpunkt des Todeseintrittes, ob der Verstorbene ein schweres oder leichtes Ende hatte, wie die Angehörigen das Leid trügen und so weiter. Dem jungen Leichenbitter in tiefer Aufmerksamkeit zugewandt, stellten sie ihre Fragen.

Der kam sich ganz wichtig vor — schließlich wußte er mehr als die anderen um ihn herum. So viel Aufmerksamkeit fand man eben nur als Leichenbitter.

Ehe er noch den Weg erfragen konnte, den er nehmen müsse, um den nächsten Verwandten zu erreichen, der auf seiner Liste stand, waren freilich noch ein paar persönliche Auskünfte fällig: wer der junge Leichenbitter denn selber sei, wie seine Eltern hießen, wie es der Mutter ginge, ob man vom Vater, der im Krieg verschollen war, immer noch keine Nachricht habe und so weiter.

Ein oder zwei Dutzend Familien hatte er so zu besuchen, je nach Größe der „Freundschaft", die einer hatte. Viele Menschen lernte er auf diese Weise kennen — und auch miteinander vergleichen. Vom Aussehen der Höfe, von ihrer Größe und vom Zustand, in dem man sie antraf, schloß man auf die Leute, die dort lebten. Gehörte man nicht selber zur Verwandtschaft, maß man natürlich am Ertrag solcher Leichenbittertage auch ein wenig die Qualität und den Charakter der Verwandten der Familie, für die man unterwegs war.

Dem Hilfsleichenbitter von damals blieb aus jenen Tagen eine tiefe Abneigung gegen Hunde, die lauten Hofhunde und die herumwedelnden Schoßhündchen. Die einen hatten mit ihrem Gebelle seine Nachrichtenübermittlung gestört, die anderen mit ihrem Gehüpfe, Gewinsle, Hecheln und Schnüffeln ihn aus der Ruhe gebracht — und einer hatte ihm in die dunkle Hose einen Triangel gerissen.

Heimgekehrt von der interessanten Reise, galt es zunächst, den Angehörigen die Grüße auszurichten und mitzuteilen, wer zu welcher Zeit zur Beerdigung käme.

Zeuge beim Sterben

Der Postbote, der täglich durch das Dorf fuhr, überbrachte eines schönen Tages die Aufforderung: „Der Hans soll zu seinem Paten kommen. Es steht schlecht um ihn." Mündlich hatte er diese Nachricht übermittelt. Er fungierte eben nicht nur als Briefträger, sondern auch als Zwischenträger für wenig schreibfreudige Leute. Man müsse mit allem rechnen, lautete die Botschaft, die er brachte. So fuhr der Gerufene an einem Morgen im Mai hinüber, nachdem er sich selbst von der Schule beurlaubt hatte.

Den ersten Todeskampf sollte er erleben.

Als er die niedrige, enge, dunkle Stube des gut dreihundert Jahre alten Hauses mit den kleinen Fenstern betrat, war es stille im Raum. Nur ein schwaches Stöhnen war zu hören und das regelmäßige Summen der Fliegen. Ein süß-saurer Geruch nach Schweiß und Arznei umfing den Eintretenden.

Der ausgemergelte, hohlwangige Kopf mit der spitzen Nase, deren gekrümmter Rücken messerscharf hervortrat, mit den eingefallenen Wangen und den versunkenen Augen, mit den schweren Lidern, die seinem Blick einen langsamen, prüfenden, ebenso gütigen wie distanzierenden Ausdruck verliehen hatten, war kaum im Kissen zu finden. Schwach, unregelmäßig, kraftlos geht der Atem. Aus dem Mund, der sonst seinen Pferden so kräftig das Kommando gab, oder ihnen gut zuredete, lösen sich leise und stockend unverständliche Laute. Nur ganz selten ist ein Zeichen geistiger Gegenwart erkennbar.

Immer wieder ziehen die Hände des müden Körpers, die ineinandergefaltet über der Bettdecke liegen, die Blicke des aufgewühlten jungen Betrachters an: Wie gegerbt, mit tiefen Rillen und überstark hervortretenden dunkelblauen Adern, reglos, leblos, liegen sie da. Sie können nichts mehr festhalten. Entrissen ist ihnen, was sie einst hielten. Ihnen werden keine Impulse mehr erteilt. Überflüssig liegen sie da, wie abgestorben.

Um das Krankenbett steht die engste Familie; der Patensohn, den man eigens gerufen hatte, gehört ihr zu. So will es die Ordnung.

Unmittelbar neben dem Sterbenden hält sich seine Frau auf. Mit einem leichten weißen Leinentuch wischt sie unablässig Stirne und Mund des Kranken; ruhig und gelassen. Sie findet keine Zeit zu klagen. Jetzt wird gestorben, da wird sie gebraucht.

Neben ihr die alte Großmutter, zittrig, gestützt auf ihren Stock. Ihr eigener Körper ist gebeugt wie eine Stütze. Immer näher kommt ihr Kopf dem Boden.

Um sie herum, scheu und verhalten, immer wieder die niedrige Stube verlassend, die drei Töchter des Hauses.

Den ganzen geschlagenen Tag verbringt man am Sterbebett. Nur die notwendigsten Arbeiten werden verrichtet. Es ist, als ruhe und trauere der ganze Hof. Kaum hört man die Hühner, Kühe und Schweine, die sonst das Gehöft mit ihrem lärmenden Leben erfüllen. Und auch nichts von den Pferden, deren Hufe laut und vernehmlich an die Bohlen der Zwischenwände schlagen, wenns zum Füttern geht. Es ist, als wüßte alles, was hier lebt, daß jetzt der Abschied nimmt, der lange Jahre ihr Herr gewesen ist. Nur die Fliegen — sie haben ja nur einen Tag zu leben — schrecken immer wieder den Sterbenden auf. Er zuckt zusammen, aber er schafft es nicht mehr, sich zu wehren.

Wenig Worte werden gewechselt. Aber um so mehr wird gebetet. Eins nach dem andern kommt an die Reihe. So hat man es immer gehalten. Ein paar Gesangbücher sind vorhanden. Die Sterbegebete werden aufgeschlagen und vorgelesen. Der 23. Psalm wird aufgesagt und manches Gesangbuchlied. Als die Verse aus dem Lied „Befiehl du deine Wege" gesprochen werden, bewegen sich die Lippen des Sterbenden tonlos im Rhythmus der Silben mit. Ähnlich ist es bei den letzten Versen aus dem Kreuzigungslied „Oh Haupt voll Blut und Wunden": „Wenn ich einmal soll scheiden, dann scheide nicht von mir ...". Auf den Tod geschwächt mag er sein, abwesend ist er nicht.

Stundenlang steht die Familie am Bette des Sterbenden. Der Patensohn, den keine Pflicht aus der Stube herausruft, läßt seine Augen und Gedanken herumwandern.

Grausam ist der Todeskampf eines Menschen, selbst dann, wenn ein Leben so ruhig ausklingt wie dieses. Die Tage des Sterbenden überdenkt er, die er mit ihm erlebt hatte. In Gedanken sitzt er mit ihm auf dem schmalen Kutschbock des leichten Brückenwagens, hinter den temperamentvollen Haflinger Pferden. Wann immer er zu Besuch bei seinem Paten war, hatte er mit ihm zum nahen Marktflecken fahren dürfen. Täglich hatte der als Milchfahrer die Tour zu machen. Dann und wann hatte er ihm die Zügel anvertraut — und ihm so einen sehnlichen Wunsch erfüllt. Glückliche Stunden in einer unglücklichen Zeit.

Eingehend hatten sie die weiten Weltläufe erörtert, dem Alten war scheints an der Meinung des Jungen gelegen.

Tag für Tag hatte er im nahen Marktflecken die Zeitung mitgenommen. Sie auf der Heimfahrt zu lesen, war seine hauptsächlichste Beschäftigung. Die Pferde kannten ja ihren Weg und gingen ihn wie von selbst. War sein Patensohn bei ihm, dann überflog er nur kurz „die Fränkische“, reichte sie dann ihm weiter, und wollte die Auffassung seines Begleiters zu diesem und jenem hören, was in der Welt vor sich ging. Während in der Ferne schon das Heimatdorf auftauchte, erwogen sie das Für und Wider der politischen Nachrichten. Das große Morden von Katyn zum Beispiel. Tiefe Abscheu hatte seinerzeit aus dem Paten gesprochen, als er bemerkte: „Die behandeln die Menschen schlimmer als Viecher.“

Auch der Arzt sieht noch einmal vorbei an diesem letzten Tag. Ebenso der Pfarrer. Kurz bleibt der eine, eine gute halbe Stunde der andere. Laut und deutlich redet er mit dem Sterbenden. Die Familie verläßt für kurze Zeit den Raum. Als der Pfarrer dem Todkranken den Sterbesegen erteilt, werden alle hereingeholt.

Amen sprechen die Umstehenden, als mit schwachem gebrochenem Stöhnen der letzte Atemzug sich durch den Körper drängt. Seine Frau streicht langsam über die Augen und legt die Hände des Leblosen fest ineinander. Und dann bricht sie in ein schweres Schluchzen aus.

Am Vogelherd

An einem Frühlingstag gab der Lehrer ein Gedicht auf, das von einem Herzog Heinrich handelte, der vor tausend Jahren lebte und ein Vogelfallensteller war. Der Lehrer hatte viel damit zu tun, klar zu machen, wie der Vogelfang damals vor sich ging, vor allem, wie die Menschen seinerzeit lebten, als sie Spatzen und Singvögel fingen — und sogar aßen. „Müssen die arm und hungrig gewesen sein", beklagten die Schulkinder teilnahmsvoll das Schicksal ihrer Ahnen. Der Lehrer bestritt dies und bezeichnete die Vögel als besondere Delikatessen — „besser als gefüllte und gebratene Täubchen". Nur hohe Herren hätten das Vorrecht genossen, sie zu fangen und zu verzehren.

Lang und breit schilderte er den Vogelherd mit den Leimruten, an denen die armen Tierchen hängen blieben — „so klein und so leicht waren sie, daß sie festpappten wie die Mücken am Fliegenfänger" —, und eingehend legte er dar, wie das ritterliche Leben der hohen Herren aussah, vor allem verwies er auf den Ritter Wolfram aus dem nahen Eschenbach, der das Leben als Minnesänger wunderschön beschrieben habe.

Ein solcher Herr wäre mancher gerne gewesen. Der junge Hans meinte, wenns auf den Vogelfang ankäme, könnte er ja sein Glück probieren.

Eine Stelle, die sich als Vogelherd eignete, hatte er bald gefunden: das Ziegelwäldchen gegenüber dem Wohnhaus, ein kleiner Hang mit Föhren und Fichten, Himbeersträuchern und Brombeerstauden, Büschen und Bäumchen — dazu einem Hohlweg, vor allem aber unzählig vielen Vögeln.

Am Nachmittag lebte der Hans bereits wie Heinrich der Vogler. Nur seine Bewaffnung war etwas moderner: er ging mit seinem Luftgewehr auf die Jagd.

Für den Anfang war die Beute reichlich, einen Spatzen, eine Meise und eine Lerche erlegte er.

Nun mußte der zweite Teil des Vorhabens verwirklicht werden. Er war so wichtig, daß er nicht umhin konnte, auch seine Mutter einzuweihen. Für eine aktive Mitwirkung war sie freilich nicht zu gewinnen. Aber ihm genügte schon ihre stillschweigende Duldung des Vorhabens. Und die versagte sie nicht. Offenbar war sie selbst gespannt auf das Ergebnis.

Er wollte nämlich allen Ernstes die Vögel verzehren, wie Heinrich, der hohe Herr. Viel Arbeit konnte das ja nicht machen. Seine Schwester, glücklich darüber, am geheimnisvollen Treiben ihres Bruders auch einmal beteiligt zu werden, machte sich emsig ans Werk, brühte die Beute, rupfte sie und nahm sie aus.

Und weil keines von beiden ein Zubereitungsrezept kannte, wurden sie jeweils zur Hälfte gesotten und zur anderen Hälfte gebraten. Ob Meise, Spatz oder Lerche: allesamt waren sie unheimlich bitter und vor allem unzerbeißlich zäh. Offensichtlich machte erst die Soße sie zum Leckerbissen. Und die fehlte.

Der Vogeljäger bedauerte es sehr, seine durch eigene Experimente gewonnenen Erkenntnisse dem Lehrer nicht mitteilen zu dürfen: Singvögel zu jagen war verboten, und in fremdem Revier auf die Pirsch zu gehen erst recht.

Es war und blieb dem neugierigen Abenteurer unverständlich, wie man Vögel zu Delikatessen erklären konnte. Wahrscheinlich hätte er mit Schnecken die gleiche Erfahrung gemacht. Denn auch da tut es die Soße.

Hummelherrscher

Die Hummeln seien viel friedlicher als die Wespen, sie würden den Menschen kaum etwas antun, belehrte ihn ein Schulfreund, als der kleine Hans berichtete, wie er im Dachboden ein rundes, graues Wespennest gefunden habe, so groß wie ein Kindskopf. Zu seinem Entsetzen habe eines der schwarzgelben Viecher ihn ins Augenlid gestochen, als er die federleichte Kugel vom Dachsparren lösen und in den Garten tragen wollte. Tagelang habe er während der Ferien mit diesem Malheur zu tun gehabt.

„Du mußt dir Hummeln holen. Die machen sogar Honig, den du ernten und verkaufen kannst", lockte der Freund.

Daß die Aussicht auf Hummelhonig im September nicht mehr sehr günstig sein konnte, bedachte der Begeisterte nicht, als er sich noch am selben Tag auf die Suche nach einem Nest machte. Überall summte und sirrte, wiebte und wirrte, säuselte und sang es an dem spätsommerlichen heißen Nachmittag. Schmetterlinge schwebten, Grashüpfer sprangen davon, als der Hummelsucher mit seinem Stock die Halme und Äste wegschob, die seinem Auge im Wege standen.

Den einen oder anderen pummeligen braunen Brummer hatte er bereits entdeckt, wie er arglos an einer Blüte hing und versuchte, mit den haarigen Beinen strampelnd seinen Kopf in den Kelch hineinzubringen. Da mußte auch das Nest sein. Solche Hummeln wollte er besitzen. Noch lieber wären ihm freilich die mit den weißen und roten Streifen gewesen, aber die waren allzu selten.

Da vernahm er besonders vielstimmiges dumpfes Summen; er mußte ganz nahe am Nest herumtappen. Tatsächlich: da fand sich das kleine runde Eingangsloch.

Mit einem hohen Distelstengel markierte er die Stelle, um abends, sobald es dunkel geworden, das Nest auszuheben. Mit der Wespenkugel war es nicht zu vergleichen: kunstlos aus Moos, Halmresten und Fasern lag es unter einer dünnen Erdschicht verborgen. Weich wie ein Wattekissen faßte es sich an, sobald die trockene Erde weggeräumt war.

„Die scheinen tatsächlich friedlich zu sein — wie alle, wenn sie schlafen", dachte der Hans, als er sie in den kleinen Bretterkasten legte, den er schon für die Wespen vorgesehen hatte. Dies war nun sein Hummelstand, ein aus dünnen Brettern gezimmertes Häuschen; im Garten stellte er ihn unter dem niedrigen Apfelbaum auf. Ein wenig rumorte es zwar in dem hohlen Gehäuse, das er nach Hause trug, aber es war kaum der Rede wert. Die Hauptarbeit schien geschafft.

In aller Herrgottsfrühe war er morgens bereits im Garten, noch vor dem Kaffeetrinken. Sorgsam hielt er den Kasten verschlossen, erst mittags wollte er ihn öffnen.

Die Hummeln gewöhnten sich an die neue Heimat. Schon hoffte der Herrscher über ein ganzes Hummelvolk auf eine späte und dennoch reiche Ernte.

Er machte sich auch keine Gedanken, als einige Tage später ein heftiger Regen das ganze Land durchweichte. Erst am nächsten Tag, als er wie üblich seinen Besitz besah, entdeckte er die Bescherung: sein Volk war ertrunken, wie Pharaos Krieger im Roten Meer. Zu nachlässig hatte der Hummelherrscher sein

Amt verwaltet und dabei vergessen, den schützenden Deckel über dem Kasten zu befestigen; der Wind hatte ihn weggehoben. Aus der schwammigen Moosmass-tropfte und rann das Wasser; verrunzelte Wabene klümpchen lagen herum; ein trauriger Anblick.

Pfeifchen, Blasrohr, Hollerspritze

Die Bäume hatten ausgeschlagen. Gelb leuchteten die Wiesen im Silberbachgrund, grün die Erlen, Pappeln und Weiden.

Sobald die Schulaufgaben gemacht waren, drängten die Buben auf die Straße. Zu schön schien die Sonne. Heute hatte es der Hans besonders eilig. Aber so schnell er die neuen Buchstaben, die die Lehrerin aufgegeben hatte, auf die Schiefertafel hinkritzelte, solange dauerte es, bis er seinen Griffel in den Federkasten schob und Tafel, Schwamm und Griffelhalter verstaute. „Was druckst du denn gar so lang herum?" wollte die Mutter wissen. „Ein Messer bräucht ich halt, am liebsten ein Taschenmesser, wie die anderen es auch haben, mit einem schönen braunen Griff aus Holz." Er wolle nämlich mit einigen Freunden Pfeifchen schnitzen.

Ein neues Werkzeug konnte ihm die Mutter nicht geben, aber hilfswillig, wie sie immer dann war, wenn ihr Bub etwas neues vorhatte, verschaffte sie ihm ein handliches Küchenmesser.

Der Bub genierte sich zwar ein wenig, weil er nicht ein nagelneues Taschenmesser, sondern einen ziemlich erbärmlichen „Grabbenstecher", wie seine Altersgenossen spöttelten, hatte, um so mehr Mühe gab er sich, ein gutes Pfeifchen zustande zu bringen. Einfach war das nicht.

Als er meinte, ein besonders schönes Weidenstück gefunden zu haben, das vollkommen astfrei war, und er sich anschickte, sie abzuschneiden, rutschte er unversehens in den Bach. Tropfnaß waren Schuhe und Strümpfe.

„Jetzt fehlt nur noch, daß ich mich in den Finger schneide", sinnierte er vor sich hin, während er die Rinde bespuckte, klopfte, einschnitt, drehte und so Holz und Hülle voneinander löste. Barfuß saß er auf dem Holzstoß. Jetzt merkte er, daß die Mutter doch recht hatte, als sie sich weigerte, ihn mit kurzer Hose gehen zu lassen. Er fror gottserbärmlich und holte sich eine ziemliche Erkältung. Darauf achtete er aber nicht. Er war vielmehr gespannt darauf, ob das Werk gelänge und wie die Töne sich anhörten, die er auf seiner kleinen Flöte zustande brächte.

Als er vom blanken Holz den Luftschlitz weggeschabt und das Mundstück abgeschnitten hatte, kam der erregende Augenblick: Wird's klingen? Wird's einen kräftigen Ton geben? — Es klappte.

Er schnitzte noch lange fort, große und kleine Pfeifchen, laute und leise.

Den Frauen, die nebenan die Wiese ausrechten — die ausgewaschene Strohstreu wurde noch einmal im Stall verwendet —, müssen die Ohren ganz schön geklungen haben. Aber sie wehrten den Kleinen nicht. Der Buben Pfeifkonzert gehörte zur Frühlingsstimmung.

Stolz präsentierte der kleine Pan der Mutter seine Flöten. „Ich seh schon, du brauchst ein eigenes Messer." Er hatte erreicht, was er wollte. Daß die Schuhe und Strümpfe völlig durchnäßt waren, merkte sie erst, als er im Bett war.

Viel mühevoller war es, Holunderbüchsen zu bauen. Der erste Versuch mißlang. Ganz niedergeschlagen war der Bub.

„Du mußt zuerst ein Blasrohr machen“, empfahl die Großmutter, selber eine eifrige Bastlerin, als ihr Enkel sein Leid klagte. Da könne er ganz junge Holundertriebe, die noch besonders viel und weiches Mark hätten, verwenden. Sie wolle ihm gerne den Federbolzen binden.

Oft passierte es nicht, daß auch Erwachsene sich an solchem Tun beteiligten. Um so aufregender fand er es.

Schade, daß er noch nicht so schön pfeifen konnte wie die Großmutter, gerne hätte er in ihr Konzert mit eingestimmt, als sie ein paar Federn zerrupfte, mit Leim und Bindfaden die weichen Bolzen zusammenfügte und schließlich vorne ein kurzes Nagelstück einschob.

Während dieser Tage war die Schule fast Nebensache.

Jetzt war ein neuer Versuch mit einer Holunderbüchse fällig. Ein faustdicker Holunderast wurde abgesägt, das Mark herausgebohrt, ein schnurgerader, fingerstarker und ellenlanger Haselnußstecken als Kolben geschnitzt, vorne mit gefettetem Werg umwickelt und in die Holunderröhre eingeschoben. Das andere Ende verstopfte er mit einem Kalmuspfropfen. Mit kräftigem Druck preßte er energisch den Kolben in die Holzröhre bis es knallte. Je lauter der Knall, desto gelungener die Büchse.

Ärger gabs, als er statt eines Kalmuspfropfens in das vordere Ende der Röhre ein Stück Haselholz einkorkte, das dünne Mark mit einem glühenden Nagel herausbrannte, die Röhre mit Wasser füllte und so die Holunderbüchse zur Hollerspritze umbaute. Heimlich schlich er in die Nähe des Puppenwagens seiner Kusine, führte sich auf wie ein Feuerwehrmann und behauptete nachher, die Puppe seiner Base sei eine ganz schlimme Bettnässerin.

Wegmarter und Kegelbahn

Um Ostern, als er in die Schule kam, lernte er das Radfahren. Irgendwo hatte er einen scheppernden alten Karren ergattert, der dafür gerade noch gut genug war. Mehr hielt er nicht mehr aus. Gelegentlich lieh ihm deshalb die Mutter die große Kostbarkeit damaliger Zeiten, ihr eigenes Veloziped. Immerhin hatte sie für ihr Fahrrad mehr Geld hinlegen müssen, als der Vater bei 40 Pfennig Stundenlohn in einem Monat verdiente.

Da sie für Unternehmungsgeist einiges übrig hatte, zeigte sie sich der Idee nicht abgeneigt. die ihr Älteste ein Jahr später äußerte. Er wollte die erste Radtour seines Lebens antreten. Als Ziel nannte er ihre 10 km entfernt wohnende Schwester. „Das ist ein bißchen arg weit", meinte sie zwar, gab am Ende aber doch nach und erteilte tagelang gute Ratschläge über Verhalten und Benehmen.

Am ersten Samstag im Mai war es soweit. Fast noch früher als die Hühner machte sich der Hans auf den Weg. Gründlich hatte der Vater das Rad überprüft, vor allem ob der besonders tief herabgelassene Sitz die richtige Höhe habe, und hatte sich noch einmal von seinem Buben zeigen lassen, ob er — „für alle Fälle" — mit der Luftpumpe richtig umgehen könne.

Mit dem kleinen grünen Rucksack auf dem Rücken, der ihn schon auf manchem Schulausflug begleitet hatte, und mit einer flotten Schirmmütze auf dem Kopf, die eigens für derartige Anlässe angeschafft worden war, machte sich der Wanderer auf den Weg.

Durch vier Ortschaften mußte er fahren, ehe er zum Ziele kam. Darunter auch eine katholische. Er war reichlich müde, als er diese hinter sich gebracht hatte; Zeit, eine Pause einzulegen. Da fiel ihm ein feierliches Kreuz auf, wie es in seiner Heimatkirche über dem Altar hing. Dieses hier stand unter einer hohen Tannengruppe am Rande des Wäldchens, gegenüber dem Bach im Erlengrund. Welke Blumen hingen schlaff zu Füßen des Gekreuzigten in einer verstaubten Vase. Und sogar eine, freilich arg niedrige, Bank gab es dort.

Der Bub wußte nicht recht, wie er sich verhalten sollte. Daß man in der Kirche vor einem solchen Kreuz ruhig zu sein hatte, verstand sich. Aber im Freien? Sicherheitshalber nahm er die Mütze herunter, schaute sich um und grüßte zum Kruzifixus hinauf. Und weil er so müde war, lehnte er sein Rad an den Stamm eines storrigen Apfelbaumes und ging hinüber. Als er sich niedersetzen wollte, merkte er, daß das eine Kniebank und nicht eine Sitzbank war. So etwas gab es in seinem Dorf nicht.

Ganz stille war er und betete vor sich hin, was er schon gelernt hatte — und einiges mehr, vor allem darüber, daß er und sein Fahrrad durchhalten möchten, daß der Reifen nicht platzt und die Luft nicht ausgeht.

Erleichtert, gar nicht mehr müde, fast munter, radelte er weiter. Noch gut eine Stunde — und er mußte am Ziel sein.

Die Verwandten staunten nicht wenig, als ihr Gast schon in aller Herrgottsfrühe eintraf, kurz nach neun Uhr.

Am Nachmittag erwartete ihn und seine Vettern eine aufregende Beschäftigung beim Dorfwirt: sie durften den Dienst von Kegelbuben versehen. Im hinteren Hof des Anwesens, am Rande der Obstpeint, stand der lange, niedrige, schmale ziegelgedeckte Holzschuppen, der in diesem Dorf so wenig fehlte wie in irgendeinem anderen. Jedes Wirtshaus, das auf sich hielt, hatte eine solche Kegelbahn.

Stunde um Stunde sprang er nun am Ende der langen Bahn hin und her, räumte ab und stellte auf, verfolgte neugierig das Spiel, beobachtete die Kegelbrüder, wie sie in die Hände spuckten, sich bückten, die Kugel hoben, wogen und schwangen, zielten,

Anlauf nahmen, mit rudernden und schwingenden Bewegungen sie schließlich dahinschoben und klatschend, der eine jaulend, der andere johlend, der Dritte ganz ruhig das Ergebnis vermerkten. Mit Kreide notierten sie die Sieges- oder Niederlagenziffer auf einer kleinen schwarzen Schiefertafel, nur halb so groß wie die, auf der er schreiben gelernt hatte. Und Stunde um Stunde kassierte der Kegelbub seinen ersten selbstverdienten Lohn — Pfennig auf Pfennig.

Stockfinster war's draußen geworden, als er beim Schein einer Stallaterne, mit seinen Vettern wetteifernd, Bilanz zog: 75 Pfennig.

Oft drängte er von da an zum Amt des Kegelbuben. Arbeitsplätze gabs genug. Kaum ein Dorf in der Umgebung, in dem an Sommerabenden, wenigstens samstags und am Sonntagnachmittag, das hohle harte Klappern trockenen Holzes, das dumpfe Aufschlagen und das Kullern der schweren Kugel nicht zu hören war.

„Die fromme Andacht unter der fremden Marter hat sich bezahlt gemacht", dachte der junge Reisende.

„Der Bub muß auf die Schul"

Selbstverständlich war es für ein Kind geringer Leute nicht, auf die Oberschule geschickt zu werden — trotz gelegentlicher Bildungswerbung schon seinerzeit. Es war um so schwieriger, als aus den besser gestellten alteingesessenen Familien kein einziges Kind auf eine weiterführende Schule kam. Ausnahmen leisteten sich eigentlich nur der Posthalter oder der Bahnhofsvorstand. Die gehörten nicht ganz dazu. Das waren Besondere. In allen anderen Fällen bedurfte es eigener Fügungen, um die Zustimmung der Umgebung für einen derart ungewöhnlichen Schritt zu erlangen — und um die sich zu bemühen, war selbstverständlich. Wer nicht Außenseiter sein wollte, tat, was man tat — und unterließ, was sich nichtge hörte.

Zwei Ereignisse wirkten zusammen, die dem kleinen Hans den Weg zur Oberschule ebneten: Das eine war der Verkehrsunfall, den er im dritten Lebensjahr erlitten hatte. Nur mit knapper Not war das linke Auge gerettet worden, aber blind geblieben. Für einen normalen Beruf erschien er damit nicht mehr brauchbar. So faßte seine Mutter, einem Hinweis des Doktors folgend, von Anfang an ins Auge, ihn fürs Büro ausbilden zu lassen. Der behandelnde Arzt, ein Jude, der entgegen allen Propagandabemühungen damaliger Tage sehr beliebt war, hatte gemeint: „Wenn er so bleibt, ist er begabt. Wenigstens ein paar Jahre sollte er auf eine höhere Schule. Nicht jeder Beruf taugt für einen Einäugigen." Der jungen Mutter zeigten damals diese Worte einen hoffnungsvollen Ausweg; tief prägten sie sich ihr ein.

Ausschlaggebend aber war der Rat des Pfarrers. Auf einem seiner Gänge durch den Sprengel kam er ins neugebaute Haus der Eltern und hatte erklärt: „Nun, meine Tochter, sie hat einen tüchtigen Sohn. Den sollte sie auf die Schule schicken. Er könnte Pfarrer werden.“ Das Pfarrkind hats gerne gehört.

Ohne Schwierigkeiten gings nicht. Die eine Komplikation hing mit dem Lehrer der zweiklassigen Dorfschule zusammen.

Eines Tages packte die junge Mutter einiges von der Metzelsuppe zusammen, ging ins Schulhaus und fragte den Lehrer, ob ihr Hans denn die Aufnahmeprüfung bestehen würde. „Die Aufnahmeprüfung wohl, aber ob er auf die Dauer durchhält“, zweifelte der Schulleiter skeptisch. Danach habe sie nicht gefragt, gab die Mutter zurück. Schließlich schicke sie den Buben nicht aus Gradel auf die Schule, sondern wegen seines blinden Auges.

Offensichtlich weil das Kind des einzigen Beamtenprominenten, der in der Pfarrerei wohnte, kurz vorher die Aufnahmeprüfung zwar bestanden, die Probezeit aber nicht geschafft hatte, war der Lehrer so vorsich-

tig. Um keinen Preis wollte er eine weitere Blamage erleben.

Auch den Hans trafen die Folgen dieses herben Mißverständnisses: eines Tages wollte der Lehrer den Ehrgeiz dadurch noch anspornen, daß er ihn vor der ganzen Klasse mit dem Hinweis rügte, er wolle doch auf die Oberschule gehen, da dürften ihm bestimmte Rechtschreibfehler nicht passieren.

Dieser Tadel kam einer öffentlichen Bloßstellung schlimmsten Ausmaßes gleich. Siedheiß schoß dem Gerügten die Schamröte ins Gesicht. Sie überzog ihn noch oft an diesem Tage. Vor allem auf dem Heimweg. Denn seine Mitschüler ersparten ihm nichts. Zu sehr beschäftigte sie die Neuigkeit, die da herausgekommen war. Schlimm war, daß seine Altersgenossen in seinen Augen sogar recht hatten. Warum mußte gerade er aus der Reihe tanzen? Er wäre viel lieber nicht auf die Oberschule gegangen. Dem Lehrer aber war er trotzdem bös, daß er ihn vor der ganzen Schule blamiert hatte. An ihm nahm er deshalb auf seine Art Rache: Stumm wie ein Stock saß er länger als ein halbes Jahr in der Bank. Scheinbar völlig teilnahmslos. Hausaufgaben erledigte er dem Schulleiter gegenüber nur sehr sparsam. Hinten herum aber schaffte er um so eifriger. Die Mutter hatte in der Stadt einen freundlichen alten Oberlehrer ausfindig gemacht, zu dem er zweimal in der Woche radelte, um sich vor allem im Deutschen auf Trapp bringen zu lassen.

Im Juni fand die Aufnahmeprüfung statt. Um acht Uhr in der Frühe mußten die Prüflinge auf dem großen städtischen Schulhof in Reih und Glied antreten. So verlangte es der Geist jener Jahre. Ein weißhaariger schlanker Herr mit Brille, Stiefeln und Breecheshosen hielt eine Mordsrede. Er prüfte außerdem die Nacherzählung, die von einer Schlacht handelte, in der — so der Lehrer — „aus allen Knopflöchern geschossen wurde". Sehr logisch fand der Kleine vom Dorf das Bild nicht, das dem Herrn Rektor so wichtig war, aber vielleicht wußte der es doch besser.

Gegen Mittag kam das große Aufatmen — für Schüler wie Eltern. Schreck gabs für den kleinen Hans freilich, als seine Mutter aufs Rektorat gerufen wurde. Man wollte wissen, wie sie es erklärte, daß im Übertrittszeugnis ihres Sohnes lauter „Vierer" stünden und er die Prüfung soeben ohne jeden Tadel bestanden habe.

Der große Schritt war getan. Jetzt galt es, sich und der Familie die Schande zu ersparen, die Probezeit nicht zu bestehen. Für den Dorfbuben waren es schwere Wochen, die im September 1942 anfingen. Niemand hatte er, den er fragen konnte, wie man eine Fremdsprache lernt, wie man mit den Vokabeln umgeht, die man sich einprägen muß; stundenlang saß er in der sogar im Hochsommer kühlen Kammer, schwankend zwischen Ratlosigkeit und Lerneifer wie die Binsen vor dem Haus am Mühlbach. Er empfand es als das glatte Gegenteil eines gütigen Geschickes, bereits in der zweiten Englischstunde drangenommen zu werden und völlig erfolglos zu sein. Daß die Worte anders gesprochen wurden, wie sie zu schreiben waren, wollte ihm lange nicht eingehen. Aber aufgeben konnte er nicht. Allmählich fand er sich auch ohne fremden Rat zurecht: die erste Schulaufgabe erbrachte sogar eine Zwei plus. Mehr konnte der einsame Dörfler nicht erwarten. Dabei blieb es über neun Jahre hinweg.

Als eine Art Waldbauernbub hat er sich freilich lange gefühlt. Fast alle Mitschüler kannten sich untereinander; keiner war völlig fremd. Bei ihm aber dauerte es Monate, bis er Anschluß fand. Zu abseits lag sein Dorf, zu weit entfernt von den anderen Orten, aus denen die Mitschüler kamen, 20 und mehr Kilometer. Denn von dort reisten die Fahrschüler meist gruppenweise an, es waren ja auch größere Flecken: aus Heilsbronn, Bechhofen, Leutershausen und Oberdachstetten. Sie hingen beieinander wie die Kletten. Um so schwerer war es, dazwischenzukommen. Da lernte er zum erstenmal nachzudenken über Nachteile des Lebens in der nahezu totalen Abgeschiedenheit. Um so mehr zog es ihn in die Ferne.

Weinender Vater

Daß in diesen Tagen etwas ganz Großes los sein mußte, hörte er nicht aus dem Rundfunk: Eine Familie, deren Ernährer im Sommer aufs Mauern ging und im Winter als Waldarbeiter sein Auskommen verdiente, konnte sich ein Radio nicht leisten, das die Neuigkeiten ins Haus lieferte. Er las es auch nicht in der Zeitung: die wurde im Frühjahr abbestellt; nur im Winter, wenn es draußen nicht viel zu tun gab, las man sie. Das hielten fast alle Leute so. Auch die, die etwas mehr hatten. Daß etwas Großes im Gang war, nahm er am Himmel wahr: alle halbe Stunde donnerte eine Fliegerstaffel über das sonst so stille, verborgene Tal hinweg, in dem drei kleine Bäche sich vereinigten und nach Norden hin abflossen. Jetzt zeigte sich, daß der Militärflughafen, der gut zwei Stunden entfernt angelegt worden war, nicht ohne Folgen blieb. Das Rauschen der Bäche wurde übertönt vom Dröhnen und Surren der millionenfach vergrößerten Hummeln am Himmel.

„Der Hitler übt für seinen Parteitag in Nürnberg", stellte der Vater des neugierigen Jungen fest, kurz und kommentarlos. Mehr war aus ihm nicht herauszubringen. Er wollte von denen „dort oben" nicht viel wissen. Auf den Hitler und den Streicher war er nicht gut zu sprechen. So blieb sein Sohn ziemlich uninformiert.

Erst am nächsten Tage kriegte er in der Schule noch einiges mit. Viel war das auch nicht. Denn auch der Lehrer stand sich mit der Partei nicht gut, wie er heraushörte.

Einige Zeit später wurde die Geschichte ernster. Da stiegen im Flughafen Katterbach wiederum Staffel um Staffel auf, kreisten über dem versteckten Dorf und zogen ab nach Osten. „Die landen in der Tschechei", hieß es, „und holen die Sudetendeutschen heim ins Reich."

Die gesamte Dorfjugend versammelte sich unter dem offenen Fenster der Wirtsstube; dort gab es nämlich ein Radio. Mucksmäuschenstill waren sie, als in dem Sperrholzkasten, der ein großes mit Stoff verklebtes rundes Loch hatte, eine Stimme wichtigtuerisch schilderte, wie die Deutschen in der Märchenstadt Prag einzogen. Auch die Dorfjugend geriet bei soviel Marschmusik in Stimmung.

Aufgeregt rannte Hans, der seit Wochen nicht mehr recht verstand, was in der weiten Welt vor sich ging, zu seinem Vater, der in einem nahen Anwesen mit Maurerarbeiten beschäftigt war. Als er ihn zwischen zwei halbfertigen Wänden an seinem Mörtelkübel hantieren sah, traf ihn schier der Schlag. Wie angewurzelt blieb er stehen. Wie sollte er sich verhalten? Da schaute er weg, hustete ein wenig und suchte seinen Weg auf den Vater zu. Er konnte es nicht ertragen zu sehen, wie sein Vater weinte und er ihm dabei zuschauen mußte.

„Jetzt gibts bald Krieg, Hans", war alles, was der herausbrachte.

Bald darauf wurde sein Vater eingezogen — und kam nicht wieder.

Auch über den Buben legte sich eine Mischung von Angst und Furcht und Trauer. Zu oft hatte er die Mutter, den Vater, die Onkels und Tanten vom „Vierzehnerkrieg" erzählen hören, dessen Ende gerade 20 Jahre zurücklag: Wie ihre Väter draußen waren, wie der Onkel fünfmal bei Verdun verschüttet war, so daß er heute noch fürchterlich zuckte, wenn über den Krieg gesprochen wurde, und der andere ein schweres Beinleiden mit heimbrachte. Immer wieder hatte sein Vater geschildert, wie es drunter und drüber ging, weil die Mutter mit der Arbeit nicht fertig wurde; wie das Geld fehlte und nachher sogar kaputt ging; wie der Krieg über sie viel Unglück gebracht hatte.

Und daß das alles stimmte, las er jeden Sonntag in der Kirche. Da saß er nämlich vor den beiden Steinplatten, in die die Toten des Siebziger und des Weltkrieges eingemeißelt waren. Oft las und zählte er sie zusammen. Ein paar Namen gab es jetzt überhaupt nicht mehr in der Gemeinde, sie waren ausgestorben. Und das sollte sich jetzt alles wiederholen?

Wochen vorher schon hatte ihn der Großvater aufhorchen lassen, als er bei seinem Kirchweihbesuch recht vorwurfsvoll meinte: „Hättet ihr das Buch von Hitler gelesen, da steht drinnen, daß es Krieg gibt." Der junge Luser hatte seinerzeit nachgeforscht, was das für ein Buch sei, und erfahren, daß es den Titel „Mein Kampf" trug. Ein paar Jahre später fiel ihm ein Exemplar in die Hände, er las drin, obwohl er nicht viel verstand. Und da fand er den Satz, den seinerzeit der Vater seiner Mutter gemeint hatte: „Unsere Zukunft liegt im Osten." Der Respekt des Jungen vor dem alten Bauern stieg gewaltig. Aber da war es schon zu spät. Längst waren die deutschen Truppen im Osten einmarschiert. Den Vater hatten sie längst schon eingezogen. Wie viele andere auch im Dorf. Er blieb vermißt. Auch wie viele andere. Bei Stalingrad.

„Kristallnacht"

„Hier bist du in der Klinik gewesen", stellte die Mutter regelmäßig fest, wenn sie in Ansbach vom Bahnhof zum Markt gingen und dabei in der engen Straße an einem mehrstöckigen Haus vorbeikamen, an dessen Tür ein großes weißes Schild angebracht war, das die Aufschrift trug: „Augenklinik Dr. Daniel." Der Kleine war stolz darauf, diesen seltsamen Namen selber entziffern zu können. Wofür doch das Lesen gut war, das man in der Schule lernte!

Es war das letztemal, daß er dieses Schild sah. Ein haushoher Möbelwagen war auf dem Trottoir abgestellt. Die Mutter führte ihn herum und ging durch eine Hintertür in das Haus. Kannen und Kästen, Körbe und Eimer standen auf dem schmalen Treppenaufgang, den sie hochstiegen.

Der Arzt war ganz allein, als er sie in Empfang nahm. Keine Schwester war zu sehen, alle Apparaturen mußte der Herr Doktor selbst bedienen.

Die Sehkraft des rechten Auges sei gut, stellte der Arzt befriedigt fest. Am linken Auge habe sich nichts verändert. Blind bleibe es freilich. Damit müsse man sich abfinden. Man könne zwar eine Hornhautverpflanzung vornehmen, doch dies sei mit Risiken verbunden, erläuterte er Mutter und Sohn. Wenn sie einen leichten Schönheitsfehler ausmerzen lassen wollten, täten sie gut daran, die linke Pupille etwas färben zu lassen. Leider könne er selber dies nicht mehr machen. Morgen verlasse er Deutschland, um nach Schweden zu gehen.

Was sie denn schuldig sei, wollte die Mutter wissen. Der große Mann im weißen Mantel winkte ab. Er habe sich gefreut, den kleinen Hans noch einmal zu sehen, antwortete er und verabschiedete die beiden mit gütigem Lächeln. Dem kleinen Patienten war es recht schwer ums Herz, als hinter ihm die Tür ins Schloß fiel. „Irgendetwas stimmt da nicht", dachte er. Außerdem hatte er das Gefühl, einen guten Freund verloren zu haben. Als solchen empfand er den Arzt, zu dem er jährlich einmal zur Untersuchung gebracht wurde. Die leise Stimme, der warme Tonfall, sein sanftes Streicheln — das alles würde ihm jetzt fehlen.

Einige Tage später gab es in der Familie einen aufgeregten Diskurs. Richtig aufgebracht schien der Vater, als er nach Feierabend berichtete, was sich in Ansbach tagsüber alles zugetragen hatte: beim Wittelshöfer und beim Juden Joel seien die Schaufenster eingeschlagen, total zertrümmert und der Inhalt ausgeraubt worden. Diese Namen waren dem kleinen Hans wohlvertraut. Brauchte die Mutter Wolle, Stoffe, Nähseide oder Knöpfe — was auch immer —, sie bezog es bei diesen Geschäften. Dann und wann hatte der Kleine sie begleiten dürfen. Vom Kaufmann Joel hatte er noch in Erinnerung, daß dieser stets mit einem winzigen schwarzen eisernen Kreuz am Jackenrevers durch seinen Laden geschritten war. „Das trägt er, weil er stolz darauf ist, am Weltkrieg teilgenommen zu haben", war dem neugierigen Frager erläutert worden.

Keiner erfuhr, was aus den beiden Familien geworden ist. Sie blieben verschollen.

Für den Großvater, der als Hauterer, wie der ländliche Fuhrmann in Franken hieß, mit den Juden viele Geschäfte gemacht hatte, war diese Nacht, in der die

Kaufhausscheiben bis ins entfernteste Dorf geklirrt hatten, der letzte Stein des Anstoßes. Aufmerksam hörte sein Enkel zu, wenn er mit tiefer Stimme erklärte, daß die Juden nie und nimmer „unser Unglück" sein könnten. Er selber danke sowieso den Juden viel. Aber das meine er gar nicht. Aus dem Judenvolk sei Jesus hervorgegangen. Das sollte man nicht vergessen.

Nicht alles, was der ehrwürdige alte Bauer, der so viel las und so gut erzählen konnte, sagte, verstand der Kleine. Aber daß der Streicher in Franken etwas ganz Schlimmes angerichtet hatte, dies war ihm klar geworden.

Warum es den Eltern so wichtig war, immer und immer wieder zu betonen, man solle über diese Dinge ja nicht auf dem Schulweg oder bei anderen Leuten reden, konnte der Siebenjährige lange nicht begreifen. Erst als sich herumsprach, daß wieder einmal jemand aus der Stadt, den man gut kannte, abgeführt worden sei, weil er sich nicht in acht genommen hatte, hörte der Hans auf, zu fragen. Es hatte ja doch keinen Sinn. Ruhig mußte man sein.

Pimpf

Für den Buben war es ein aufregendes Ereignis, als er ins „Jungvolk" eintreten durfte. Vor allem, weil er die erste — im übrigen einzige — Uniform seines Lebens bekam. Es gab sogar gleich zwei Monturen: eine leichte, beigefarbene für den Sommer und eine aus schwarzem Trillichstoff für den Winter. Viel schöner als die Hemden fand er freilich das Lederzeug, einen breiten Gürtel und den Schulterriemen. Beide Stücke schenkte ihm der Vater, der sie selber nicht mehr brauchte, seitdem er aus der SA ausgetreten war. Wortlos, durch die aufmerksame und begeisterte Teilnahme des Buben aber doch in gehobene Stimmung versetzt, schwärzte er die braunen Riemen ein. Und der Bub rieb sie glänzend, stundenlang.

Der Bub hatte zunächst ja die Sorge gehabt, die Eltern könnten ihn daran hindern, beim Jungvolk mitzumachen, weil sie doch von der Partei nicht viel hielten. Aber offenbar glaubten sie, daß es für die Kinder so schlimm nicht sein könne, in einer solchen Gemeinschaft mitzuwirken. Sie förderten sogar nach Kräften die Aktivitäten ihres Ältesten. Auf keinem Zeltlager, das angeboten wurde, fehlte er, ob im Eichenhain zu Leutershausen oder zu Füßen des wuchtigen Schlosses Colmberg oder am Nußbaumhang von Thalmässing. Zelte bauten sie da auf, Lieder lernten und sangen sie, Geländespiele führten sie durch, viele Zuneigungen und Freundschaften entwickelten sich.

Daß sie jedes Jahr, dreimal nacheinander, Hitlers Lebenslauf in der Schulung anhören mußten, nahm der Pimpf in Kauf. Innerlich beschäftigten ihn mehr die Hilfseinsätze, die für den Sieg angeordnet wurden. Und den wollte auch er erringen helfen. Als auf der Führerschulung — er hatte bald ein rot-weißes Schnürchen verliehen und die Aufgabe gestellt bekommen, als Zeltältester zehn Mann zu führen und zu Hause sogar den Jungzugführer zu vertreten, der eine grüne Schnur hatte — als auf der Führerschulung mitgeteilt wurde, daß zwischen den einzelnen Jungzügen des Fähnleins 9 ein Kräutersammelwettbewerb veranstaltet würde, sann er pausenlos darüber nach, wie sein Verein, der Jungzug vier, an die Spitze kommen könne.

Birkenblätter und Lindenblüten, Marienkraut, Schafgarben und Zinngras sammelten und trockneten die jungen Pimpfe. Manche Woche rückten sie gleich zweimal aus, um das gesteckte Ziel zu erreichen.

Einmal freilich brachte sein Eifer den jungen Aktivisten in arge Bedrängnis: ohne lange zu fackeln, war er mit seinen Leuten über die Birkenbestände hergefallen, die um das leerstehende Wochenendhaus eines Ansbacher Sägewerksbesitzers herumstanden. Nach ein paar Stunden waren die Bäume kahl und die Säcke unter den gerupften jungen Bäumen prallvoll. So viel Trockenmaterial hatten die Buben noch nie nach Hause gebracht. Die Eltern fingen schon zu brummen an, wohin mit dem vielen Material, das auf den Getreideböden getrocknet werden mußte.

Am nächsten Morgen, als der stolze Jungvolkführer zur Schule fuhr, stellte ihn eine fremde Frau zur Rede: Ob er es gewesen sei, der die zarten Bäumchen leergefegt habe, fragte sie feindlich. „Ja, schon, aber nicht allein." Sie kündigte an, ihn der Polizei zu melden.

Wochenlang bangte er dem Gendarm entgegen. So oft dieser durchs Dorf radelte, schlug sein Herz, daß es ihm fast den Hals abdrückte. Aber allmählich gewöhnte er sich an den Zustand des beunruhigten Gewissens.

Schließlich fand er auch heraus, warum die Eltern gegen das Jungvolk nicht viel einzuwenden hatten: sie wußten die Führung in guten Händen. Als Fähnleinführer fungierte nämlich ein Pfarrersohn, dessen Vater sogar einmal ein paar Tage abgeholt worden war, „weil er in der Kirche gegen den Hitler etwas gesagt hat". Auch der Lehrersohn aus der Nachbargemeinde, der mitmachte, schien vertrauenswürdig. Und noch mehr der Sohn eines Ansbacher Schulrates. Da befand sich ihr Hans in guter Gesellschaft. Dies um so mehr, als er für die drei, den Uli, den Reinhold und den Otto, begeistert schwärmte.

Als er einmal zu Hause fragte, ob es denn stimme, was er gelernt habe, daß nämlich „Jugend durch Jugend geführt werden muß", wie einer der ganz Großen, der eine weiße Schnur trug, gesagt habe, machte das auf den Vater einen ziemlichen Eindruck: das stimme natürlich nicht, erklärte er. Sonst bräuchte man gar keine Eltern mehr. „Auf diese Reden brauchst du nicht viel geben. Wir Alten sind schon auch noch etwas wert."

Der Hans hatte übrigens diese Frage gestellt, weil in der Schule der Pfarrer gerade die zehn Gebote behandelte und da besonders eindringlich über das vierte sprach. Allerdings fühlte er sich mit seinen elf Jahren noch zu klein, um sich in der Schule zu melden und den Pfarrer so etwas zu fragen.

Eine große Aufregung gab's in der Führerbesprechung im HJ-Heim, als einer, den der Stammführer, wie der Oberste hieß, geschickt hatte, von den Versammelten verlangte, daß die Jungzüge künftig öfter auch am Sonntagfrüh antreten müßten. Der Jungenschaftsführer, der sich in dieser Runde ziemlich zu Hause fühlte, machte Bedenken geltend. Am Sonntagfrüh müsse er in die Kirche. Und seine Altersgenossen auch. Er habe dort sogar die Aufgabe, den Blasebalg der Orgel zu pumpen.

Diese erste Rede, die er hielt, schien dem Führer nicht zu passen und ihn ziemlich ratlos zu machen. Oder wußte er mehr und anderes als der junge Hans? Er schloß damit, daß er versprach, die Sache mit den Vorgesetzten zu erörtern. „Bis dahin bleibt alles beim alten." Der Hans war recht zufrieden. Er sah nämlich durchaus einen Zusammenhang zwischen dem, was sich abgespielt hatte, als er noch ein ganz kleiner Bub war, nämlich dem Kirchenkampf, über den daheim viel gesprochen wurde, und der Auseinandersetzung Anfang 1942. Im Dorf behielt die Kirche die Oberhand.

Jungvolk auf großer Fahrt

Eines Tages — der Pimpf war knapp ein halbes Jahr beim Jungvolk — las er in der Zeitung, daß sich das Fähnlein 9 nachmittags in Kettenhöfstetten trifft. Und zwar schon am nächsten Tag. Am nächsten Tag schon? Da ist bestimmt etwas schief gelaufen, so daß er nicht verständigt worden war. Schließlich gehörte er zum vierten Jungzug dieses Fähnlein 9. — Aber was heißt eigentlich Kettenhöfstetten, fragte sich der Zehnjährige. Das konnte nur ein Druckfehler sein: vermutlich sollte es heißen, daß sich die Jungzüge alle der Reihe nach, halt wie an einer Kette, in Höfstetten treffen würden. Das wäre recht praktisch gewesen: gleich vorm eigenen Haus.

Ganz sicher war er freilich nicht.

Am nächsten Tag hatte er mit der Schule wenig im Sinn, und um so mehr mit dem Jungvolk. Daß er dabei sein wollte, wenn sein ganzes Fähnlein ausrückte, stand fest. Der Mutter hatte er bald klar gemacht, daß er da nicht fehlen dürfe. Und die hatte — wie immer, wenn ihr Ältester in die weite Welt hinaus wollte — offenbar aus uneingestandenem Verstehen eingewilligt.

Leider fand sich sonst niemand, der auf diese Zeitungsmeldung etwas gab. Vermutlich hing es damit zusammen, daß sich auf die Druckfehlerversion des jüngsten Pimpfes keiner einlassen wollte: was in der Zeitung stand, mußte wohl stimmen ... Und es stimmte tatsächlich, wie der reisehungrige Nachwuchs-Hitlerjunge herausbrachte. Kettenhöfstetten gabs wirklich. In der Nähe von Flachslanden lag der winzige Weiler, bekannt eher durch einen großen Weiher.

So radelte er denn am Samstagmittag mutterseelenallein los. Einer wenigstens sollte die Ehre des Jungzugs Brodswinden retten.

Die Mutter buk ihm eigens eine besonders kräftige Wegzehrung aus eingeweichten Semmeln, viel Eiern und einem Riesenquantum Zucker in Butterfett. Im Emailleteller wurde er in ein großes blaues Tuch gepackt, in das sonst die Maurer ihre Brotzeit wickelten. Wenigstens war er der Sorge enthoben, hungern zu müssen.

Ob er aber sein Ziel fände? Weiter als bis Ansbach war er noch nie allein gefahren, sieht man vom Besuch bei der eigenen Verwandtschaft ab. Aber die lebten in der entgegengesetzten Richtung.

Am Schloßplatz in Ansbach erkundigte er sich nach dem Ort mit dem fremden Namen. Dreimal mußte er Fußgänger, die vorbeigingen, um eine Auskunft anhauen, bis einer sich fand, der wußte, wo Kettenhöfstetten lag. — Folgsam schob er sein Damenfahrrad den Schloßberg hoch. Ein paar BDM-Mädchen, die er fragte, ob die Richtung stimme, begafften schnippisch das blaue Brotzeitpäckchen, das an seiner Lenkstange hing: „Gelt, du kommst vom Dorf?" Er war sehr gekränkt, denn das mußten doch eigentlich Gesinnungsgenossinnen sein. Sie trugen doch die gleiche Uniform, die Nase aber sehr hoch. „Ich werd' schon richtig sein", schluckte er seinen Schmerz hinunter und schob weiter. In Kammerforst stellte sich heraus, daß er zu weit nach Osten geraten war. Ein alter Bauer zeigte ihm eine Abkürzung, die ihn doch noch auf die richtige Fährte brachte.

Die Uhr schlug schon fünf, als er ins lange gesuchte Dorf einfuhr — und dabei hätte er um drei Uhr zum Antreten erscheinen sollen. Mitten im Ort stieß er auf eine große Scheune, an der viele Fahrräder lehnten. Sonst rührte sich nichts. Er lehnte seinen Renner ans letzte Rad, das nicht viel besser aussah als sein eigenes, was ihn sehr beruhigte, und schaute sich um. „Die sind grad' ausgerückt", teilte ihm eine etwas bucklige Bäuerin mit, nachdem sie ihn gründlich ausgefragt hatte, woher er sei und wem er gehöre. „Mußt halt warten, bis sie wieder kommen", riet sie ihm, als er überlegte, ob er das Fähnlein suchen oder bis zu seiner Rückkunft warten solle. Seine Stimmung war recht zwiespältig; einerseits war er mordsmäßig stolz, allein, und dazu noch unaufgefordert, soweit gefahren zu sein, andererseits fürchtete er, sich zu blamieren, weil er der einzige vom ganzen Jungzug und noch dazu verspätet sein werde.

Vielleicht wars ganz gut, sich ein wenig umzuschauen. Er ging in die Scheune und musterte die Rucksäcke, die herumstanden. Und dabei wurde er ganz zuversichtlich: einen so ehrwürdigen Tornister wie er hatte, scheints, niemand mehr dabei. Diejenigen, die er sah, waren alle aus grünem Segeltuch oder aus ganz frischem Kalbsfell, nur seiner hatte schon einen echten Krieg mitgemacht — den hatte nämlich sein Patenonkel aus dem vierzehner Krieg mitgebracht. Gottseidank, daß mir mein Vater als alter Stahlhelmer gezeigt hat, wie man die Decke fachmännisch rollt und mit schmalen braunen Lederriemen feldmarschmäßig umbindet. Nur eine Feldflasche fehlte ihm noch, stellte er bedauernd fest. Die Flasche, die der Vater sonst immer in den Wald mitnahm, konnte er kaum vorzeigen, so komisch sah sie aus. „Und die

Maulaffen aus der Stadt hatten doch recht, als sie mich wegen meines Brotzeitbündels veräppelten", gestand er sich ein, denn an keinem einzigen Rad fand er etwas ähnliches. „Aber das bleibt dran", nahm er sich trotzig vor.

So sann er vor sich hin und sah an sich herunter, ob denn alles in Ordnung sei: ob das Koppelschloß in der Mitte sitze und der Schulterriemen glänze. Zum Glück schaute er auch noch auf seine Schuhe. Die waren ganz verstaubt. Er fing sofort das Putzen an — mit dem Taschentuch, obwohl die Mutter immer wieder brotzelte, weil man das Schneuztuch zum Nasen- und nicht zum Schuhputzen nehme. Seine Ausrede stand fest: Schneuztuch sagt man nicht, sondern Taschentuch, meinetwegen auch Sacktuch, weils ein Lappen für alle Fälle und nicht bloß für die Nase ist.

Endlich wars so weit: vom Dorf her hörte er einen Haufen Bubenstimmen. Ganz aufgeregt postierte sich Pimpf Hans vorm Scheunentor. Im Stillen sagte er nocheinmal auf, wie die Meldung lauten müsse, die er zackig zu machen habe: Aufrecht mußt du stehen, die Hände an die Schenkel gelegt, den Mittelfinger genau auf die Hosennaht, die Absätze der Schuhe müssen klingend zusammengeschlagen werden, vorne müssen die Schuhe leicht im Winkel auseinandergehen. Ganz besorgt war er. Wenn nur alles gut geht. Das ist ein entscheidender Augenblick.

„Melde mich gehorsamst verspätet vom Jungzug vier, weil ich mich verfahren habe", stieß er heraus, als er vor dem Führer mit der roten Schnur stand. „Wenigstens einer ist noch gekommen", stellte der fest — und da wurde es dem verlegenen Hans schon wohler ums Herz. Als der Fähnleinführer sich auch noch — mit recht freundlichem Klang in der Stimme —

nach Namen und Alter erkundigte, hätte er diesen am liebsten auch etwas gefragt. Aber das traute er sich nicht. Später bekam er heraus, daß er Otto Conrad hieß und sein Vater der Landrat war. — Ganz aus dem Häuschen geriet er, als der Fähnleinführer über ihn vor dem angetretenen Haufen eine Rede hielt und ihn als Muster von Pflichterfüllung hinstellte, weil er als einer der Jüngsten ganz allein gekommen sei.

Da nahm man auch nicht mehr an seinem blauen Brotzeitbündel Anstoß. Vor allem, als er versuchte, sich Freunde zu machen, indem er den süßen Inhalt unter der Rotte verteilte, der er zugewiesen war.

. . . und morgen die ganze Welt

Es gefiel ihm gut auf dem ersten Jungvolklager, das er erlebte. Er fand sich auch schnell zurecht. Obwohl er nur einen einzigen kannte — und den nur aus weiter Ferne, der hatte nämlich zuhause einmal den Jungzug besucht. Das hing sicher mit der freundlichen Aufnahme und dem Lob vor der ganzen Mannschaft zusammen.

Die größte Freude machte ihm, wenn sie antraten, ausrückten und sangen. Er lernte auch ein neues Lied: „Jetzt kommen die lustigen Tage, Schätzel ade . . ." Das gab seine Stimmung richtig wieder; da stimmte er aus Leibeskräften ein und marschierte richtig zackig, stramm geradeaus schauend, die Knie waagrecht hebend, mit eingezogenem Bauch, die Hände bis zum Koppelschloß schwingend. „Links, links . . . ein Lied . . . eins, zwei, drei . . ." Der Ulli konnte kommandieren. Ob ich das auch so fertigbrächte?"

Viele Lieder wurden angestimmt, die er noch nicht kannte. Ich werde noch viel lernen müssen, dachte er sich. Eins beschäftigte ihn besonders. Es begann mit einem drohenden Text und einer ganz zornigen Melodie: „Es zittern die morschen Knochen der Welt vor dem großen Krieg . . ." Die Melodie hatte er bald intus. Als es zum zweitenmal gesungen wurde, konnte er schon ziemlich gut mitsingen.

Ob das mit dem Rußlandfeldzug zu tun hat? Ein Siegeslied, scheints.

Aber der Schlußvers, der kann doch nicht stimmen: „Denn heute gehört uns Deutschland und morgen die ganze Welt" . . .

In der Schule hatte der Lehrer im Winter vorher gerade den Rußlandfeldzug des Kaiser Napoleon durchgenommen und auch erzählt, daß der kleine Mann aus Korsika in Ägypten gewesen sei; nur mit den Engländern sei er nicht fertiggeworden. Und was in Moskau los war, hatte der Lehrer unvergeßlich einprägsam geschildert und mit Bildern ausgemalt, die er in der Klasse herumgehen ließ. Bald nach diesem spannenden Unterricht wurde er übrigens eingezogen und gleich nach Rußland geschickt.

Die ganze Welt soll uns einmal gehören? Ob das nicht etwas zuviel ist?

Nach dem Mittagessen, das sie sich an kleinen, selbstgegrabenen Feuerstellen gekocht hatten, schlich er um den Platz herum, wo der stellvertretende Fähnleinführer Ulli aus Eyb kampierte, der so prima kommandiert hatte — bis der ihn einlud, sich neben ihn zu setzen. Der kleine Zweifler faßte sich ein Herz und rückte mit seinem Problem heraus: Ob der Liedertext denn stimme. „Nein, erklärte der Ulli, im Lied heißt es, „denn heute, da hört uns Deutschland und morgen die ganze Welt". Das könne man schon eher singen, meinte der zufriedengestellte Skeptiker — und sang später auch dieses Lied mit einiger Begeisterung. Vollends zur Ruhe kam sein kritischer Geist bei diesem Lied freilich nicht: irgendwo in einer späteren Strophe war auch davon die Rede, daß alles in Scherben fallen könne und wir trotzdem weitermarschieren werden ...

Das Lager nahm ein feierliches Ende. Sogar der Kreisleiter kam, als die Flagge heruntergenommen wurde.

„So, so, der Goldfasan war auch da", lautete daheim Großvaters kurzer Kommentar.

Der Hans wurde bald darauf befördert und erhielt eine rotweiße Schnur.

Begeistert und beklommen

Wenigstens zweimal im Jahr nahm der Pimpf an großen „Lagern" teil. An ihnen richtete sich das ganze Jahr aus.

Die Sorgen des Alltags, der Schule, des wöchentlichen Jungvolk-„Dienstes", über den Kriegsverlauf und über das Leben im Dorf, verschwanden im silbernen Dunst der Hoffnungen, sobald er vom bevorstehenden Lagerleben zu träumen begann. Manchmal wollte er in Gedanken auseinanderlegen, warum das so ist, aber er fand keine Antwort.

Zu Füßen der ehrwürdigen Burg Colmberg lagerten sie, während der ersten Pfingstferien, die er beim Jungvolk mitmachte. Entlang einer uralten Allee mächtiger Eichenbäume waren die Zelte aufgeschlagen. Zum Umfallen müde waren sie, als nach zwei Tagen angestrengter und phantasievoller Bemühungen die große „Zeltabnahme" durch den Jungstammführer erfolgte: mit Moos und Kieseln, skurilen Ästen, Hobelspänen und Sägemehl, Steinbrocken und Baumstrünken, hatten sie einladende Anlagen vor dem Zelteingang, um den Mast herum, aufgebaut, an dem ihr Wimpel hing, Erkennungszeichen und Symbol jedes einzelnen Zuges.

Jeden Morgen mußten sie um den großen Fahnenmast herum Aufstellung nehmen. Die Flaggenparade war täglich das große Ereignis. Es war fast so feierlich wie in der Kirche. Der Lagerführer sagte stets einen Spruch auf. Einer nistete sich im Gedächtnis des begeisterten Pimpfes ein: „Wer auf die Fahne Deutschlands schwört, hat nichts mehr, was ihm selbst gehört." Ganz wohl war ihm bei diesem Wort nicht. Aber sprechen wollte er auch nicht mit jemanden darüber. Er konnte nicht recht ausdrücken, was ihm nicht gefiel. Außerdem muß man halt, so sagte er sich, manches hinunterschlucken, das einem nicht gefällt.

Daß Deutschland siegt, das war sein großer Wunsch. Und daß man dafür Opfer bringen muß, stand auch fest. Und vor allem: die Fahrten und Zeltlager, an denen er teilnehmen konnte — auf die wollte er keinesfalls verzichten. Vielleicht hatte er noch nicht die richtige Einstellung zur Fahne. Das wird sich schon noch geben, hoffte er.

Jedenfalls war er froh, daß seine Mutter viel weniger ängstlich als die anderen Mütter im Dorf ihn überall mit hin ließ.

Während der Großen Ferien ging die Fahrt weit über Nürnberg hinaus. Für den Hans war es die erste Bahnreise. Nach Thalmässing zog das Fähnlein neun. Zum erstenmal nahm er an einem großen Gaulager teil.

Obwohl er kleiner war als die meisten Rottenführer aus anderen Jungzügen der Ansbacher Umgebung, wurde er zum stellvertretenden Zeltältesten bestimmt. Wie ein Haftelmacher paßte er beim Antreten auf, um alles zu lernen. Er durfte doch keinen Fehler machen, wenn er einmal selbst das Kommando übernehmen müsse. Und die Kommandosprache kam ihm ziemlich schwer vor; es dauerte eine Weile, bis er die feinen Unterschiede zwischen „*die* Augen links" und „Augen rechts" heraus hatte.

Ein besonders guter Exerzierer war der Otto Conrad. Ihn muß ich nachmachen, dann werde ich gut, nahm sich der Hitlerjunge vor. Kraftvoll und singend, klar, richtig zackig hörte es sich an, wenn er brüllte: „Achtunng!" und „Stiiil-gestannndenn" und „Rührt euch!". Dem aufmerksamen Lehrling fiel auf, daß die Silben am Anfang fast unheimlich langsam dahingeschoben wurden, plötzlich aber die Stimme in die Höhe schnellte und wie ein Peitschenknall der letzte Ton herausplatzte. Wirklich, eine große Kunst. Da mußte man parieren, ob man wollte oder nicht, wenn das Kommando kam: „Rääächts ummm! Iiim Gleichschrittt marrsch!... Liinks — liinks — links und links". Ein paarmal stahl sich der Anfänger davon, lief weit in den Wald hinein, den Hang hinunter, blieb hinter den Büschen stehen, schaute sich um, ob ihn jemand beobachte — und übte die Kommando- und Exerziersprache.

Kein Wunder, daß er heiser war, wenn er vom Lager heimkam.

Schlappschwanz-Spektakel

Aber er wollte ja kein „Schlappschwanz" sein.

Wie ein Schlappschwanz aussieht, konnte er sich lange nicht vorstellen. In Thalmässing wurde ihm einer leibhaftig vorgeführt.

Eines mittags mußte das ganze Lager antreten. Knarrend, heiser, fast wütend gab der Lagerkommandant, ein Führer mit einer dicken weißen Kordel und silbernen Schulterstücken bekannt, daß man einen „ganz großen Schlappschwanz" entdeckt hätten, einen „Verräter", der „die Ehre des Lagers, ja die Ehre des Führers beschmutzt" habe, ein „verzogenes Muttersöhnchen", eine richtige „Drecksau". Wer das wohl ist? Und was der wohl angestellt hat? Der Hans fing zu schwitzen an, so aufgeregt war er.

Da marschierten aus dem Hintergrund ein paar größere Führer auf den Exerzierplatz. Sie trugen eine Art Sänfte mit einem Stuhl darauf. „Die holen jetzt die Sau" knarrte der Führer. „Rechts-schwenk marsch — links, links, links und links" verlor sich das zackige Kommando.

Das angetretene Lager mußte eine Rede anhören. Der Übeltäter habe nach Hause geschrieben, daß die Verpflegung nichts tauge, er immer hungrig sei und die Mutter ihm zu essen nachschicken solle. Bei der Briefkontrolle habe sich das herausgestellt. Ganz rot war der Führer im Gesicht, als er wieder grausame Drohworte hervorstieß und über den Übeltäter schimpfte. So ließ er die Spannung bis zur Unerträglichkeit anschwellen. Bald würde er vorgeführt werden . . .

Mucksmäuschenstill verharrte das ganze Lager. Obwohl längst schon „Rührt euch" befohlen war, rührte sich kaum einer. Nur den linken Fuß hatte man ein wenig vorgestellt. Immer wieder schaute der Rottenführer Hans an sich hinunter, ob sein linker Fuß auch wirklich noch in der richtigen Stellung war. Ganz verkrampft muß er dagestanden sein. Die Beine fingen zu zittern an. Aber was tats: Schlimmes war vorgefallen. Und viel gabs jetzt zu erleben.

Da kam endlich der kleine Vierertrupp unter heiseren Exerzierkommandos anmarschiert. Den Stuhl, der auf der Sänfte stand, verdeckte jetzt ein weißes Tuch. Darunter muß er sich verbergen, der Schweinekerl, dachte das ganze Lager. Aber die Decke wurde lange nicht gelüftet.

Vom Küchenzelt her kam nun ein zweiter Trupp anmarschiert. Riesige Schöpflöffel und einen großen Kübel, fast so groß wie eine Teertonne, trugen sie, und sogar ein paar Bänke stellten sie auf. Auf sie wurde nun die Sänfte ganz langsam, grausam feierlich, herabgelassen.

„Dem helfen wir jetzt, den machen wir satt, der meckert nicht mehr über den Grießbrei", zürnte der Führer, kommandierte „Tuuuch abb — füttert miiit Brei!".

Eine hilflose Jammergestalt kam zum Vorschein. Unerbittlich deckte ihn die Küchenmannschaft mit Grießbrei zu, zunächst beschmierte sie ihn aus der Nähe, dann bewarf sie ihn aus der Ferne. Verzweifelt hob er die Hände, versuchte die Stirn, die Augen, den Kopf zu schützen. Es half ihm nichts. Sie wurden heruntergerissen.

Er stürzte vom Stuhl. Sie warfen ihn auf die Bühne zurück. Er rollte herunter. Seine Schinder traten ihn mit den Füßen. Mitten auf dem Platz. Vor dem ganzen Lager. Unter der Fahne ...

Das muß schlimmer sein als Spießrutenlaufen, dachte sich der aufgeschreckte Hans. Oder bin ich auch weichlich, auch ein wehleidiges Muttersöhnchen, ging es ihm durch den Kopf. Daß der Malträtierte keinen Mucks machte, imponierte ihm.

Endlich wurde der Missetäter, an dem man ein Exempel statuieren wollte, abtransportiert. Man rollte ihn in das Tuch ein, mit dem er zugedeckt war und schleifte ihn ab.

Zum Schluß wurde das ganze Lager aufgefordert, es besser zu machen und „unserem Führer Adolf Hitler Ehre zu machen“. Sonst gäbe es Strafexerzieren. Auch die hierfür vorgesehenen Kommandos kannte der stellvertretende Zeltälteste längst: „Hinlegen — auf, auf — marsch, marsch“, „robben“, „zuuu-rück — marsch, marsch“, „drei Liegestütze“, „fünf Liegestütze“, „vier Kniebeugen“ ...

Nach Abschluß der Droh- und Mahnrede mußten alle die rechte Hand heben und dreimal „auf unseren geliebten Führer Adolf Hitler“ rufen: „Sieg Heil, Sieg Heil, Sieg Heil“.

Der begeisterte Pimpf ließ den Kopf recht hängen, als das Lager „weggetreten“ war. Verstört trottete er zum Zelt zurück. Ich weiß nicht recht, ich weiß nicht recht ... Aber weiter getraute er sich nicht zu denken. Sonst war ja alles so schön, die Kameradschaft, die Erlebnisse, die man gemeinsam hatte. Das wollte er sich nicht madig machen lassen. Auch nicht durch eigene Beobachtungen.

Die Politik ist schuld

Als im November 1942 der letzte Brief des Vaters von der Front eintraf, hatte die ganze Verwandtschaft herumgerätselt, was der kleine Ring wohl bedeute, der versteckt aber sorgfältig mit Bleistift gezogen war. Es fiel schwer, sich einzugestehen, daß er die Mitteilung der Zugehörigkeit zu den in Stalingrad Eingekesselten anzeigte. Aber es war so.

„Die Schlacht um Stalingrad ist verloren. Die Armee Strecker hat sich ergeben." So blieb den Kindern die Meldung im Gedächtnis, die Anfang 1943 morgens in den Sieben-Uhr-Nachrichten aus dem Volksempfänger kam. Als der Nachrichtensprecher geendet hatte, sackten alle in sich zusammen, die auf der Eckbank in der Küche um den Tisch herum saßen. Das kleinste der vier Geschwister verschüttete die volle Tasse Malzkaffee über den mit Wachstuch belegten Küchentisch, so regte es sich darüber auf, die Mutter weinen zu sehen. Dem Ältesten fraß sich der Aufschrei der jungen Frau am Herd im Bewußtsein fest: „An allem ist die Politik schuld."

Dann fuhr er zur Schule. Windig wars draußen, bald kam Schneegestöber auf. Er kam nur langsam voran. Und er grübelte nach, wer eigentlich Politik macht. Menschen sind es doch, dachte er sich. Müssen es denn immer solche sein, wie der Hitler?

Der Tag nahm seinen Lauf. Und das Jahr. Ein schöner Winter für die Kinder. Für die Frauen steckte er voller Sorgen und verlangte ungewöhnlich viel Arbeit. In kleinen Nachbarschaftsgruppen zusammengeschlossen strickten und nähten sie Handschuhe,

Schals, Socken, Kniewärmer für die Männer draußen. Sie strengten sich ungeheuer an. Unverkennbar half den beiden jungen Frauen, die im kleinen Weiler von Stalingrad so hart getroffen waren, der gemeinsame Einsatz über ein wenig Kummer und Sorgen hinweg. Alte Wintermäntel wurden zertrennt und zu warmen Handschuhen genäht, riesige Roßdecken zerschnitten und zu Wärmewesten verarbeitet. Vom Vater war nie mehr etwas zu hören. Oft beschäftigte es die Kinder. Es waren traurige Träume, die sich mit ihm verbanden. Aber darüber sprach man nicht miteinander.

Meinungsverschiedenheit

Eineinhalb Jahre später beschäftigte eine andere Meldung aus dem Radio die Familie: Es war am 20. Juli 1944, als gegen Abend die Stimme Hitlers heißer und zitternd zu vernehmen war. Dramatisch schilderte er, so empfanden es alle die zuhörten, wie er „durch den Schutz der Vorsehung" einem Attentat entgangen sei.

„Schade", meinte die Großmutter bitter, „wäre er doch umgekommen". Ihr Enkel war anderer Auffassung: er sei froh, daß der Hitler — alles sprach vom Hitler, keiner nannte ihn Führer — am Leben geblieben sei, kommentierte er zu ihrem Entsetzen. „Der Lump?" — Er begründete seine Meinung damit, daß der Tod von Hitler zum jetzigen Zeitpunkt zu einer neuen Dolchstoßlegende führen würde. Die eisige Einsicht, die der 13jährige vertrat: „Wir brauchen eine totale Niederlage in diesem brutalen Krieg. Nur dann werden wir von denen da oben Ruhe haben." „Da müssen aber noch viele sterben", klagte die Großmutter und schwieg.

Wahrscheinlich war der eigenwillige Diskutierer vom Soldatensender Calais und von Radio Beromünster tatsächlich so beeinflußt, daß er sich die Gedanken der Alliierten zu eigen gemacht hatte. Jedenfalls war er überzeugt, das richtige Urteil zu haben — zumindest in dieser Angelegenheit.

Und trotz dieser inneren Ablehnung der damals Regierenden, die über die Familien so viel Unglück brachten, tat jeder das, was als Pflicht gelehrt worden war, mit vollem und leidenschaftlichen Einsatz: Sackweise sammelte der Jungzugführer mit seinen Leuten Lindenblüten, Birkenblätter, Zinnkraut, trocknete Kräuter und lieferte sie ab. Ganze Fuhren von Kastanien klaubten die Pimpfe im Herbst zusammen. Niemand konnte sie davon abhalten, für den Sieg zu arbeiten. Trotz allem Abstand von Hitler und der Ablehnung des Schreiers Julius Streicher, dem fränkischen Gauleiter, dessen Auslassungen gegen die Juden jeden Sonntagfrüh vor der Kirche mit unglaublichem Staunen gelesen wurden, denn die persönliche Erfahrung mit vielen Juden war eine andere. Und das wog schwerer.

Aber der Einsatz und die Leidenschaft für den Sieg waren beim Jungvolk und der Hitlerjugend stärker: Der Wille, etwas fertigzubringen, die Lust, dabeizusein und mitzutun, wo alle mitmachen, drückte manche Bedenken zur Seite. — Einmal freilich wollte kein einziger aus dem Dorf zum Dienst antreten: Ein Fähnleintreffen war auf Sonntagmorgen 10 Uhr festgelegt worden. Da fand Gottesdienst statt. Der ging vor. Der Brodswinden-Elpersdorfer Jungzug fehlte, als das Fähnlein ausrückte. Die nächste Übung wurde wieder auf nachmittag 13 Uhr angesetzt.

Schwarzhörer

Was Freiheit ist, hat gleich nach 1945 die sechs Jahre jüngere Schwester Hilde des kleinen Hans besonders spürbar erfahren. Denn sie hatte oft stundenlang vor dem Hause Wache stehen müssen. Davon war sie jetzt befreit. Und der 14jährige konnte jetzt ohne Angst erwischt zu werden jeden Sender des Volksempfängers einstellen, der ihm erreichbar war. Strafe brauchte er nicht mehr zu befürchten. Zunächst begriff er das gar nicht und wollte immer wieder, wenn er Radio Beromünster, seinen bevorzugten Sender, einschaltete, seine Schwester vor der Tür schicken. Und sie selber ging fast schon mechanisch vor die Tür, um zu lusen. Denn darauf war sie getrimmt — zur Mittags- und zur Abendzeit. Wann immer ihr Bruder vor dem Radio Platz nahm, hatte sie sich am Hauseck aufstellen müssen, um Ausschau zu halten, und um zu melden, wenn der Postbote oder Fremde aufs Haus zugingen.

Nur bei schlechtem Wetter brauchte sie nicht in Stellung zu gehen. Da konnte man, ohne Verdacht zu erregen, die Tür verriegeln. Unter normalen Umständen aber war das nicht ratsam, wollte man sich nicht der Vermutung aussetzen, Unerlaubtes zu treiben.

Jetzt aber konnte man hören, was man wollte. Am aufregendsten waren die Berichte aus Nürnberg, wo die Großen von damals der Prozeß gemacht wurde.

Seit der Katastrophe von Stalingrad, noch intensiver seit dem 20. Juli 1944, war der aufmerksame junge Beobachter des Zeitgeschehens ein leidenschaftlicher Hörer der Nachrichten, die Radio Beromünster und der Soldatensender Calais ausstrahlten. Er zählte zu den Schwarzhörern. Wer dabei erwischt wurde, lief Gefahr, nach „Dachau" — gebracht zu werden. „Nach Dachau" — das war im Dorf die gefährlichste Drohung, die es überhaupt gab. Warum das so war, erläuterte niemand. Schlimm mußte es dort zugehen.

Der Jungbürger wollte aber nicht auf die genaue, nüchterne Information über die Weltläufe verzichten, die vor allem aus Beromünster gesendet wurde. Die Erkenntnisse, zu denen ihm das verbotene Tun half, dienten nicht nur dazu, seine kartographischen Aufzeichnungen über den Frontverlauf zu verfeinern, die er sehr gewissenhaft mit Bleistift, Nadeln und Fähnchen führte, sondern vor allem auch sein Weltbild. Was in Thailand vor sich ging und in Japan — das erfuhr man nicht nur aus den von Josef Goebbels gefilterten Meldungen, sondern vor allem von der Stimme aus der Schweiz, deren seltsames Dytsch für ihn gleichbedeutend mit Aufrichtigkeit geworden ist.

Entdeckt hatte er den Schweizer Sender schon wenige Tage, nachdem sie ein Radio bekommen hatten. Und das war im Januar 1942, als der Vater an die russische Front geschickt worden war, nachdem er zunächst in Polen und dann in Frankreich eingesetzt war. Damals tauchte der sonst ziemlich knausrige Großvater mit einem riesigen Pappkarton auf, mindestens zweimal so groß wie ein Reisekoffer. „Da, Anna, hast ein Radio, damit du hören kannst, wies an der Front zugeht", erläuterte er bündig die Übergabe des Empfängers. Er selber hatte sich kurz vorher ein ähnliches Gerät angeschafft. Bis dahin hatte niemand gewagt, auch nur den Wunsch nach dieser außerordentlichen modernen Errungenschaft auszusprechen. Nur der Gastwirt konnte den Besitz einer solchen Kostbarkeit rechtfertigen, „der Leute wegen".

Der Älteste, noch dazu Oberschüler, genoß unter den Geschwistern das Privileg, an den zwei Knöpfen sachkundig herumzudrehen — er war für die Einstellung verantwortlich. Er wußte es zu mütterlich geduldetem aber dennoch verbotenem Tun zu nutzen. Aber nicht alles Verbotene schien unrecht zu sein.

Bomben über Ansbach

An einem Frühjahrsnachmittag, der Schüler war eben heimgekommen, hörte man aus Ansbach die Sirenen, die den Fliegeralarm gaben, besonders laut: langanhaltende, auf- und abschwellende hohe Töne, die sich in den Ohren festfraßen. Dem Hans ward bald sehr mulmig zumute, als er hinter dem Haus am Hang Ausschau hielt.

Er vernahm zwar das ferne Surren schwerer Motoren, aber er sah nichts. Schier den Hals verrenkte er sich, so suchte er den Himmel ab — und entdeckte doch nichts. Bis er sich endlich nach Norden drehte, und etwas tiefer, nur wenig über den Wipfeln der Bäume des Feuchtlachwaldes, zu suchen begann. Da nahm er sie wahr. Wie dunkle, dicht vor ihm niedergehende langgezogene Bienenschwärme sahen die Bomberkommandos aus. Und immer näher kamen sie, riesige Geschwader, unzählige, ferne, silbern glänzende winzige Vögel unter dem wolkenlosen Himmel. Wie das gleichmäßige Mahlen einer mächtigen Dreschmaschine hörte sich das Singen ihrer Motoren an. Jetzt mußten sie direkt über Ansbach fliegen. Todbringende Stille herrschte. Er bekam es mit der Angst zu tun und war doch unheimlich neugierig.

Da machte er es wie als kleines Kind, wenn es nachts draußen gewitterte: damals zog er die Bettdecke übers Gesicht und meinte, so in Schutz zu sein, jetzt verzog er sich in das Örtchen mit dem eingeschnittenen Herz und wähnte sich so geborgen, wobei er den Vorteil genoß, durch das winzige Fenster den gleichen Überblick zu haben wie im Freien.

Eben hatte er den neuen Beobachterposten bezogen, als sich aus dem Bauch der vordersten Maschine der erste winzige Körper löste. Sofort folgte noch einer und dann immer mehr, und bald auch aus den anderen silbernen Vögeln. Der Beobachter hatte angefangen, sie zu zählen. Aber das gab er bald auf. Er kam nicht mehr mit. Ständig veränderte sich das Bild. Waagrecht lagen die Dinger zunächst, doch während sie gemächlich abwärts schwebten, senkte sich die Spitze nach unten, und zwar wie auf Kommando, eine nach der anderen. Und dann versanken die zehn oder zwanzig oder auch fünfzig breiten Bombenteppiche hinter dem Wald.

Bange Minuten kamen. Der zitternde Beobachter erwog, seinen Posten zu verlassen — und blieb dann doch wie angeklebt an seinem Ausguck hängen. Denn es begann zu donnern, krachen, dröhnen; die Erde erbebte. Immer wieder. Immer wieder. Wie eine Ewigkeit kam ihm die Zeit vor, bis der Vulkan aus dem Himmel erlosch. Und dann herrschte Grabesruhe. Es dauerte eine Weile, bis er fern hinterm Holz gelbliche Wolken aufsteigen sah.

Ganz verstört schlich er in die Wohnung zurück. Ob von Ansbach überhaupt noch etwas steht?

Nichts mehr nahm er um sich wahr. Nur noch der Angriff auf Ansbach interessierte ihn. Lange hielt er das nicht mehr aus. Er mußte wissen, was los war.

Da setzte er sich aufs Rad und fuhr quer durch den Feuchtlachwald zum Eyber Hang hinüber. Von dort hatte man einen guten Blick auf die Stadt.

Doch als er dort auf der Höhe anlangte, geriet er im sonst so gepflegten Staatswald mitten ins Chaos. Riesige Trichter, in die man ein ganzes Haus hineinstellen konnte, taten sich vor ihm auf. So stellte er sich die Schlachtfelder von Verdun und an der Somme vor, von denen die Verwandtschaft sooft erzählte — und auch die Granatlöcher in Stalingrad, wo sein Vater wahrscheinlich umgekommen war.

Aber wenigstens waren hier keine Menschen zu schaden gekommen. Die umgeknickten Fichtenstämme und abgerissenen Eichenäste sahen freilich schon gespenstisch genug aus. Ein gigantisches Tohuwabohu.

Und heiß war es. Obwohl nichts brannte. Er legte den dicken Überzieher ab, in den er daheim vorsichtshalber geschlüpft war, rollte ihn zusammen und zwängte ihn auf den Gepäckträger seines Rades.

Ob er überhaupt nach Ansbach hineinfahren sollte — und dürfe? Er wagte es. Über die aufgerissenen Waldwege kam er endlich zum Beckerweiher, fuhr vorsichtig in den Talkessel hinein und wagte sich in Richtung Post, Bahnhof, Schule vor. Je näher er ans Ziel kam, um so mehr nahmen ihm Qualm, Staub, Ruß die Sicht — und um so eigentümlicher stank es. Wie betäubt tappte er am Rande eines riesigen Trümmerfeldes dahin. Das ganze Gebiet um den Bahnhof war zusammengehauen. Am liebsten hätte er sich auf und davon gemacht. Aber geradezu magisch zogen ihn die rauchenden Schuttmassen an. Alles kam ihm unwirklich vor. Besonders, daß er keinen einzigen Menschen wahrnahm. Wie ausgestorben war das Viertel. Oder sah er die Leute nur nicht, weil er vor Schreck und Betroffenheit nichts mehr sehen konnte außer Trümmern?

Da, wo die Pfeile zu einem Luftschutzkeller hindeuteten, streckte sich ihm aus einem Kellerloch eine Hand entgegen, sie war zu einer Faust geballt; ein riesiger Stein drückte sie ab.

Vertrieben war da die Neugierde des Buben. Furcht, Schrecken, Grauen, Angst sprangen ihm ins Genick und trieben ihn weg von dieser Stätte des Jammers. Er floh wie von Furien gejagt. Vor Aufregung verfehlte er das Pedal, als er aus den Trümmern herausgefunden hatte und stürzte der Länge nach über sein Gefährt. Nur heim, nur heim . . .

Wortlos schlich er daheim in die Stube. Er war nicht aufgelegt zum Erzählen. Diesmal war es nicht die übliche Maulfaulheit, die sonst seine Mutter an ihm kritisierte. Es dauerte lange, bis er den Mund aufbrachte, um zu berichten, was er gesehen hatte.

Nachts träumte er, wie sich die Hand öffnete, ganz schwarz war sie, wie sie nach ihm griff und ihn ins Finstere zog. Sie umwickelte ihn mit Fahnentuch und erdrosselte ihn.

Die Schule, die beinahe völlig demoliert war, wurde lange nicht mehr aufgemacht. Aber antreten mußten die Gymnasiasten dennoch. Ihre Aufgabe war es, mit ihrem Klassenleiter zusammen die Trümmer an der verschütteten Bahnüberführung in der Schalkhäuser Straße wegzuräumen. Sie wurden zum „Schanzen" eingesetzt. Das Kommando führte der Herr Professor — so nannte man die Lehrer seinerzeit ehrfürchtig —, der soviel von den Helenen und den Römern erzählt hatte, die als arische Vorfahren und Verwandte der Ansbacher Oberschüler vor zweitausend Jahren eine ganze Welt beherrscht hatten. Heute hätten diese Aufgaben die Deutschen zu erfüllen, hatte er oft betont. Jetzt freilich war er recht kleinlaut. Dem Hans tat er fast leid. Seit dem 20. Juli glaubte er nämlich dem Lehrer nicht mehr viel. Und jetzt, wo Ansbach so schlimm mitgenommen war, obwohl es da gleich drei Kasernen gab, wo doch auch Flak sein mußte, die sich hätte zur Wehr setzen können, jetzt glaubte er erst recht nicht mehr an den Sieg.

Er betete nur noch, daß der Vater wieder aus dem Krieg kommen möge. Jeden Abend. Vor allem, weil jetzt auch noch die Mutter todkrank wurde. Wochenlang konnte sie nichts sprechen, nichts sehen, nichts hören. „Diphtherie", sagt der Arzt und machte ein ernstes Gesicht. Die Mutter klaubte sich allmählich wieder zusammen, aber der Vater kam nicht wieder heim. Er blieb vermißt.

Kampf mit dem Tabak

Als Ältester nahm er in der Familie eine Vertrauensstellung ein. Vor allem seitdem der Vater im Krieg war. Einmal mißbrauchte er sie ziemlich schamlos.

Höhepunkt mütterlicher und verwandtschaftlicher Vertrauenserweise war, daß man ihn mit knapp zwölf Jahren zum Verwalter setzte über alle Zigaretten, Zigarren und sämtlichen Tabak, einschließlich der Bezugsmarken, ohne die man damals nichts kaufen konnte. Jeden Sonntag, wenn alles beieinander war, veranstaltete er eine Großsammlung unter den Gästen, vor allem bei Vaters Verwandten. Es gab nur einen in diesem Kreise, der sich dem Zugriff entzog: den Großvater. Die anderen lieferten ab, was sie hatten; entweder in Naturalien oder in Gestalt der wertvollen Papiere.

Die Hauptaufgabe des Tabakverwalters bestand darin, fünfziggrammweise an den Vater, gelegentlich auch den einen oder anderen Verwandten Feldpostsendungen fertigzustellen und abzuschicken. Ganze Ketten kleiner 50-Gramm-Päckchen brachte er zweimal wöchentlich zur Post. Ebenso mühe- wie liebevoll hatte er die Adressen des Vaters und von Verwandten aufgemalt. — Es machte ihm Freude, seinen Beitrag zur Versorgung der Frontkämpfer zu leisten. Leider konnte er seinen Vater nur ein paar Monate lang versorgen, denn bald nachher wurde der Ring um Stalingrad geschlossen — und sein Vater gehörte zur sechsten Armee.

Kurz nachdem er dieses Vertrauensamt übernommen hatte, wurde der Bub zum ungetreuen Haushalter.

Nie zuvor hatte er geraucht. Davon ging seine Mutter auch aus, als sie ihm diese Aufgabe übertrug. Ob seine Altersgenossen der Versuchung schon unterlegen waren, sich in dem zu üben, was alle für besonders männlich hielten, wußte er nicht. Einmal wollte aber er zeigen, daß er das auch konnte. Es war an einem Mittwochnachmittag. Zu sechst fuhren sie „zum Dienst" beim Jungvolk, wo er, der Jüngste im Kreis, bereits das rot-weiße Schnürchen eines Jungenschaftsführers erreicht hatte. Den Vorsatz zur schlimmen Tat faßte er bereits zu Hause. Aber durfte er „in Uniform" rauchen? War das nicht ein besonders schweres Vergehen gegen die Ehre eines deutschen Pimpfen? Er löste das Problem, indem er über das Junghemd eine Jacke zog.

Unterwegs hielten die Pimpfe an und nahmen unter den Erlen nahe der Silbermühle Aufstellung. Der Hans holte hervor und verteilte, was er aus dem Haus

geschmuggelt hatte: ein grünes Päckchen Eckstein. Bei dem leichten Wind, der wehte, wollte es nur schwer gelingen, die kleinen Dinger zum Glimmen zu bringen.

Süß und bitter, nachhaltig und flüchtig, eine leichte Benommenheit auslösend, von der keiner sprach — so schmeckte das Kraut. Fast ein wenig enttäuscht war er, als die spürbare Wirkung, von der er bei Ludwig Thoma im Zusammenhang mit der Zigarre so beeindruckt war, ihm überhaupt nicht zu schaffen machte. Der muß ein schwächliches Kind gewesen sein.

Als die Schlacht um Stalingrad verloren war, verwaltete er ein Amt ohne Aufgabe. Der untreue Haushalter ist lange nicht davon losgekommen, zwischen Zigarettensünde und Stalingrad einen inneren Zusammenhang zu sehen. Darum rauchte er auch lange nicht mehr — lange, wenn man es mit dem Maß eines Knaben mißt: bis zum April 1944, ein paar Wochen nach der Konfirmation.

Im Schrank aber lag immer noch das ungepflegte Paket mit den „Rauchwaren", wie man in Franken sagt, wobei man darunter durchaus nicht Kürschnererzeugnisse versteht, sondern das, was man eben rauchen kann.

Indessen übten sich die Altersgenossen an den reichlich langweiligen dörflichen Sonntagnachmittagen darin, im gesitteten Abstand von etwa 50 Metern hinter den Mädchen herzugehen.

Wie bringe ich sie nur von ihrem nichtsnutzen Tun ab, grübelte ihr Anführer, der an solchem Treiben kurioserweise wenig Gefallen fand. Denn mit Mädchen sich zu beschäftigen, lenke von der Schule ab, fürchtete er. Er machte den Vorschlag, im Wald zu rauchen. Aus seinem ungenutzten Schatz im Schrank hatte er gleich zwei Päckchen mitgebracht. Und tatsächlich gelang es, die ganze Blase in den nahegelegenen Arolds-Wald zu locken. Dort standen sie nun und qualmten.

Ziemlich belämmert schlich er am Abend nach Hause. Als er die Stube betrat, fand er seine Mutter in besonders feierlicher Pose am Fenster sitzen, die sie dadurch erreichte, daß sie ihre Füße auf einen ehrwürdigen, hohen Schemel stellte. Sie strickte. Ihm fiel auf, daß sie nicht wie gewöhnlich sich nach dem Verlauf des Nachmittages erkundigte.

„Du hast geraucht", platzte es plötzlich aus ihr heraus. Und: „Das hätte ich nicht gedacht von dir". In einer gänzlich ungewohnten Mischung von Enttäuschung und Verbitterung sagte sie es. Ihr Bub ging auf seine Kammer und schwor einen heiligen Eid, bis zu seinem 16. Lebensjahr nicht zu rauchen. Begrenzt war er freilich.

Karfreitag

Der Karfreitag wurde in den evangelischen Dörfern mit besonderer Strenge begangen. „Das ist unser höchster Feiertag" hieß es in den Häusern, wenn die Kinder nach dem Mittagessen auf den Dorfplatz drängten, wie es an Sonntagen üblich war. Wenns hoch kam, durfte man am Nachmittag wenigstens kurz auf die Straße. Stets begleitete einen die Mahnung, ruhig zu sein, wirklich nicht zu lärmen. Kein lautes Wort sollte man an diesem Tag sprechen.

Die Buben gaben sich alle Mühe, die mütterlichen Weisungen zu befolgen, als sie sich wie üblich unter dem Dach des Sägewerkes versammelten. Leicht fiel es ihnen nicht. Denn zu Bubenspielen gehörte, daß es laut herging. Bei Wettbewerben im Bogen- oder Luftgewehrschießen ebenso wie bei Räuber und Gendarm und vor allem beim Versteckspiel. Aber das alles verbot sich deshalb an diesem Tage von selbst. Und es verbot sich vor allem, die blinde, wackelige Müllersretta zu hänseln, wie's manche leider allzugerne taten.

Da kam einem auf der Suche nach Beschäftigung eine Idee, die zwingend — Karfreitag hin, Karfreitag her — nach Verwirklichung drängte. Zu gut war sie. Jedenfalls nach dem Urteil des Erfinders; sie ermöglichte vor allem, absolut leise zu sein. Und insofern entsprach sie dem besonderen Karfreitagsgebot. Sie zwang sogar zu totaler Stille. Nicht gehört zu werden — das war die Voraussetzung für den Erfolg.

Sie trug zudem noch recht lehrhaften Charakter. Auch das ging ihrem Schöpfer durch den Kopf. Darin lag ihr frommer Sinn.

Am Gründonnerstag hatte sich aus der Küche der Müllerin der süßlich verlockende Geruch von Küchlesgebäck verbreitet. Den Dorfkindern war dies nicht entgangen, es hatte vielmehr ihr spezielles Interesse gefunden. Freilich mit dem anerzogenen Verständnis von Fasten am Karfreitag vertrug sich das, was sich da in der Müllersküche abspielte, beim besten Willen nicht. Am Karfreitag zu fasten, das hieß zwar in erster Linie kein Fleisch zu essen — aber es konnte doch wohl nicht bedeuten, gerade die schmackhaftesten aller Kuchenarten zuzubereiten, nämlich fränkische

Knieküchle, Kopfkissen und Feuerspatzen. Daß sie für eine kleine Familienfeier vorgesehen waren, die ebenfalls auf Karfreitag gelegt war, wollte den Gerechten, vor allem ihrem Anführer, erst recht nicht gefallen. Denn am Karfreitag feierte man nicht. Genug Grund also, um erfolgreich für das Vorhaben zu werben.

„Wir müssen dafür sorgen, daß die runden Küchle in der Speisekammer verschwinden. Ganz nahe liegen sie am Fenster". Dies sei der beste Denkzettel, den man der Müllerin für ihr wenig fastengemäßes Karfreitagstun anhängen könne, begründete der Bubenführer das Vorhaben. „Das gehört sich nicht am Karfreitag." Aber wohin sollten die Küchle verschwinden? Wohl oder übel mußten die selbsternannten Sittenschützer die Leckerbissen selbst vertilgen. Schließlich durfte nichts umkommen. In der hungrigen Kriegszeit erst recht nicht. Auch dies war ein Gebot, das fast schon Karfreitagsqualität hatte.

Unter den Dorfburschen, die eifrig ihre Köpfe zusammensteckten und sich beispielhaft ruhig verhielten, war schnell Übereinstimmung erzielt.

Aber es gab ein schier unüberwindliches technisches Hindernis: Das Fenster der Speisekammer war, wie alle Fenster der Wirtschaftsräume in alten Bauernhäusern, mit dicken Eisenstäben vergittert. Einzusteigen war unmöglich. Zwar konnte man hineinlangen, aber die Kinderarme waren zu kurz.

Da kam die rettende Idee — einleuchtend und einfach, wie jeder geniale Gedanke: In das Ende einer Bohnenstange mußte ein möglichst langer Nagel geschlagen werden, auf dem die Küchlein, Stück für Stück, aufgespießt und behutsam herausgeangelt werden konnten.

Obwohl der Karfreitagsbrauch jede Arbeit untersagte und Nageln zudem noch hörbar war, entschlossen sich die Feiertagsschützer dennoch, das unentbehrliche Werkzeug anzufertigen. Schließlich diente es einem wichtigen Zwecke. Stange und Nagel waren in der offenen Sägewerkstatt ohnehin leicht aufzutreiben.

Der Größte und Geschmeidigste wurde in einem umständlichen Verfahren zur Durchführung des Karfreitagsdenkzettels bestimmt. Der Häuptling selbst war nicht hinlänglich gelenkig, außerdem wollte er den Überblick nicht verlieren; die Risikoscheu, die ihm Zurückhaltung gebot, erwähnte er lieber nicht. Wachtposten stellte man auf, im Mühlhof, den es abzusichern galt, an der Wehr, wo Mühle und Nachbarsanwesen zusammenstießen, und hinter der Säge. Gegen zwei Uhr nachmittags waren die Küchenbretter in den Speisekammern der Mühle völlig abgeräumt. Das Festgebäck war samt und sonders in den hungrigen Mägen der Buben verschwunden, für die auch die ungezuckerten Küchle ein ungewöhnlicher Genuß waren.

Es war höchste Zeit geworden, die Aktion abzuschließen, denn gegen halb drei Uhr war, dörflichem Festtagsbrauch zufolge, Kaffeestunde.

Die Buben konnten es nicht lassen, zu erfahren, welche Reaktion die Heldentat auslösen würde. Der, den sie für den Unscheinbarsten hielten, ging am Holunderbusch nahe der Speisekammer in die Hocke. Die Rechnung ging auf: „Allmächt, die Katz hat alle meine Küchle gefressen", war der Schreckensschrei, in den die Müllerin ausbrach, berichtete der Beobachter mit einem Gesicht, das wenig Karfreitagsstimmung verriet.

Ein erfüllter Nachmittag für alle. Schlimm war nur, daß sie ihre große Tat für sich behalten mußten. Aber sie hielten dicht. Keiner machte einen Mucks. Keiner.

Auch der Müllerin war sie unvergeßlich geblieben.

Ob die Katze gestraft worden war, daran konnte sie sich nicht mehr erinnern, als ihr gut 15 Jahre später der Anführer von damals seine Schandtat gestand: Es war an jenem Tag, als er in seiner Heimatgemeinde seine erste Predigt absolviert hatte. Da „beichtete" er beiläufig der Müllerin die Untat von Karfreitag 1943. Verziehen war sie, wenn auch nicht vergessen.

Muttertag

Wer den Kindern damals auf dem Dorf direkt nahebrachte, den Muttertag zu feiern, ist nicht mehr feststellbar. Es muß wohl in der Schule gewesen sein. Der Pfarrer war es jedenfalls nicht, denn es fiel auf, daß er zu diesem Thema keinen Rat gab. Das war ungewöhnlich. Denn alles, was in den Dörfern festliche Bedeutung hatte, hing sonst mit der Kirche zusammen.

Daß der Muttertag die Erfindung einer Amerikanerin war, wurde erst lange nach dem Krieg bekannt. Damals hat man das verschwiegen. Es machte sich nicht gut, den Einfall einer Amerikanerin, den sie zudem schon im ersten Weltkrieg in den Vereinigten Staaten durchgesetzt hatte, in Deutschland nachzuahmen.

Die Kinder taten sich schwer, diesen Tag zur Ehrung ihrer Mütter angemessen zu begehen. Ein Geschenk muß ihr schon gemacht werden, dachte der junge Hans. Aber welches? Es sollte etwas besonderes sein.

Ihr etwas zu basteln — dazu hatte er nicht den Mut. Denn davon verstand sie selber viel zu viel. Und Murks wollte er nicht liefern. Beim Frühstück ein Gedicht herzusagen, kam auch nicht in Frage: er kannte kein brauchbares. Und sich für ihre Mühe zu bedanken und gute Wünsche für die Zukunft auszusprechen — also eine kleine Rede zu halten —, da plagte den Achtjährigen die Sorge, die Rührung könne ihn übermannen, er könne sich verschlucken, ins Stottern geraten und nicht weiterfinden.

Am liebsten hätte er ihr eine Schachtel Pralinen geschenkt, denn so etwas kam selten ins Haus. Auch der Mutter waren sie selten. Aber ihm fehlte das Geld, sie zu kaufen. Und Taschengeld gabs seinerzeit nicht, leider. Die Mutter aber um ein paar Pfennige zu bitten, kam nicht in Frage. Auch den Vater konnte er nicht anhauen: Die beiden waren in seinen Augen so sehr eins, daß es unzumutbar gewesen wäre, ihm seiner Frau gegenüber ein Geheimnis aufzubürden.

Da fügte es sich, daß er zum selben Wochenende zu seiner etwa 10 Kilometer entfernt lebenden Tante eingeladen wurde. Vielleicht ließ sich dort eine Lösung finden.

Es war ein klarer, frischer Frühlingstag, als er die erste große Radfahrt seines Lebens mutterseelenallein unternahm. Angekommen bei seinen Verwandten bot sich sofort eine Chance sein großes Muttertagsproblem zu lösen: er durfte nämlich zusammen mit seinen Vettern beim Dorfwirt den Dienst eines Kegelbuben versehen. Stunde um Stunde kassierte er Pfennig auf Pfennig. Stockfinster wars geworden, als er beim Schein einer Stallaterne Bilanz zog: 75 Pfennig.

Ausgestattet mit diesem Reichtum, fuhr er am Sonntagmorgen nach der Kirche unter dem Geleit einer älteren Cousine in den nächsten Marktflecken; beim dörflichen Kolonialwarenhändler selbst gab es ja Kostbarkeiten wie Pralinen nicht zu kaufen. Die freilich waren teuer. Sie kosteten mehr als seine Wegzehrung und sein verdienter Lohn ausmachten. Die Cousine Anna half drauf. So hatte er, was er wollte: einen mit buntem Aufdruck verzierten Kasten mit Pralinen.

Verständlich, daß ihn am Sonntagmittag keine zehn Gäule mehr gehalten hätten: nach Hause wollte er fahren. Sorgfältig packte er das kostbare Gut in den kleinen grünen Rucksack, der seit seinen frühen Bubentagen zum festen Wanderzeug gehörte, setzte die

Schirmmütze mit der schwarzweißen Kordel auf, ein wenig schief, weil er guter Laune war und es so recht flott aussah, und fuhr los. Der Himmel hatte sich bewölkt. Er war noch nicht weit weg vom Dorf, da fing es zu schütten an — und zwar mit einer Ausdauer, die für diese Jahreszeit ungewöhnlich war. Trotzdem war er bester Dinge und zog nicht einmal in Erwägung, sich unterzustellen: Heimkommen wollte er, sein Muttertagsgeschenk präsentieren.

Es ließ sich nicht vermeiden, daß seine Mutter, wie jede Mutter zum Tadel neigend, ihn nicht gerade mit Lobgesängen empfing, als er, bis auf die Haut durchnäßt, in die Stube trat. Aber das hielt nicht lange an. Und ihm ging es nicht sehr unter die Haut. Die große Überraschung, die er bei sich trug, machte ihn seiner Sache sehr sicher.

Mit einem Eifer, der auch die Mutter neugierig machte, schnürte er den Rucksack auf. Da freilich wurde er käsweiß: Der Pralinenkasten war biegsam wie ein Fahrradschlauch. Völlig aufgeweicht, ja aufgelöst: Das grüne Rucksacktuch zeigte Schokoladenflecken.

„Das hat mein Muttertagsgeschenk sein sollen", stotterte er.

Mit einem beredten Hinweis darauf, daß sie sich sehr darüber freue, weil er den Muttertag nicht vergessen habe, tröstete die ihn kurz zuvor noch recht zornige Mutter. Ganz konnte sie seinen Schmerz nicht heilen, aber wenigstens lindern. Daß sie es ernst gemeint hatte mit ihren Worten, merkte er daran, daß sie nichts Eiligeres zu tun hatte, als kurz darauf ihrer Umgebung mit deutlichen Zeichen der Rührung das Mißgeschick mitzuteilen, das ihren Ältesten erteilt hatte. Sie war stolz auf ihren Buben.

Kirchweih

Hans empfand es als großes Glück, gleich dreimal im Jahr Kirchweih feiern zu dürfen: das erste Kirchweihfest im Mai bei seinen Paten als „Dot", so nannte man den Patensohn im Fränkischen. Er gehörte zu den geladenen Gästen, anfangs von der Mutter hinbegleitet, später allein sich einstellend. Im Juni durfte er regelmäßig zur Familie der Schwester seiner Mutter; dieses Fest beeindruckte ihn deshalb, weil es im Kirchdorf selbst stattfand, wo der Onkel Bürgermeister gewesen war, bis „der Hitler" ans Ruder kam; als Gemeindevorsteher und Kirchenpfleger amtierte er noch. Die eigene Kirchweih fand erst Ende August statt.

Bis zum Festtag war von der Kirche, die doch wohl der Anlaß dieser heimatlichen Festerei sein müßte, recht wenig die Rede — wenig vom Gotteshaus und noch weniger von der Kirchengemeinde. Vom Gottesdienst höchstens insofern, als am Samstag Portal und Altarraum mit ein paar selbstgeknüpften Girlanden geschmückt wurden. Dabei mitwirken zu dürfen, galt den Kindern als Auszeichnung.

Im Vordergrund stand — großes Gesprächsthema der Hausfrau, großes Ereignis für die Kinder — die Vorbereitung des Festes, zu dem die ganze Verwandtschaft aus nah und fern zusammenkam. Auch die Nachbarsfamilien mußten beschenkt werden, obwohl die auch selber buken und ihrerseits eine kleine Gabe ins Haus schickten. Oft waren deshalb die Mahlzeiten ausgefüllt mit anerkennenden oder kritischen Diskussionen über die Qualität der nachbarschaftlichen Bäckerei.

Bereits am Donnerstag kam die hochangesehene „Kirchweihbäckin". In der Familie des kleinen Hans versah dieses Amt die Großmutter. Aber an diesem Tag war sie nicht mehr Großmutter, sondern waltete ganz und gar in der festgelegten Funktion, ruhig, energisch, viel befragt, präzise Anweisungen gebend. Wieder einmal stand sie vor einer großen Prüfung. Man stelle sich vor: Töchter und Schwiegertöchter würden ihre Erzeugnisse kritisch beurteilen. Und nicht nur die, sondern die ganze Nachbarschaft. Und da hing nicht nur ihr eigenes Ansehen dran, sondern auch noch das der Töchter.

Riesige Schüsseln standen, mit Teig für die Zopfkuchen gefüllt, herum, einem Hefeteig mit viel Mehl und ein paar Eiern: Sie wurden zuallererst hergestellt. Aber auch die Gugelhupfe mußten gerührt werden; etwas weniger Mehl, statt dessen um so mehr Eier, Butter und Zucker bildeten den Teig. Die kupfernen Formen wurden gefettet, ehe sie gefüllt und in den besonders sorgfältig angeschürten Backofen geschoben wurden. Ein Tag voller geschäftigem Treiben!

Unter den Beteiligten herrschte eine Art gehoben vorfestlicher Stimmung: viele Bezeugungen gegenseitiger Aufmerksamkeiten waren zu hören, und wenig Tadel für die Kinder. Man war bereit, manches zu übersehen, was sonst zu lautstarken Rügen Anlaß bot. Vielleicht auch, weil die Zeit fehlte.

Der Freitag gehörte den Küchlein und Kopfkissen. Es grenzte fast an Hexerei, wie die Großmutter die runden Teigstücke wieselflink mit den Händen drehte, hauchdünn auszog und das Meisterstück fertigbrachte, daß beim Wurf in die Pfanne plötzlich der dicke Rand sich golden bräunte und innen sich eine schneeweiße Halbkugel aufwölbte, die dünn und durchscheinend wie mattiertes Fensterglas wirkte. Stolz standen die Hausfrau und ihre Kirchweihbäckin am Ende der Mühen vor den Brettern in der Speise, auf denen die prallen Kopfkissen und Küchlein prahlten, eins neben dem andern, wie mit der Schnur gezogen.

Blieb noch etwas Zeit, oder war die Großmutter besonders gut aufgelegt, dann wurden sogar Schneeballen hergestellt — aus einem Mürbteig, der ausgewalzt, zu langen Striezel ausgeradelt und in siedend heißem Fett gebacken wurde. Dazu benutzten sie ein besonders merkwürdiges Gerät, nämlich eine hohle Kugel, wie ein Sieb durchlöchert, an einem langen Stiel. Oder die Frauen stellten sogar noch Ballbäuslein her, löffelgroße Schmalzbäckereien aus süßem Backpulverteig; für Kinder waren sie fast so kostbar wie die Pralinen aus der Konditorei, die alle heilige Zeit einmal die Mutter aus der Stadt mitbrachte.

Die Kräfte müssen fast schon aufgebraucht gewesen sein, als der eigentlich festliche Tag begann — jedenfalls bei denen, die die Hauptverantwortung trugen, bei den Frauen. Die Männer hatten ohnehin am Samstagabend die Flucht ergriffen. In anhaltender Fröhlichkeit hatten sie im Dorfwirtshaus den Sonntag zunächst herbeigekartelt und dann herbeigesungen. Der eine oder andere Geschäftsmann aus der Stadt war tüchtig geschröpft worden — jedenfalls hatte er diesen Eindruck erweckt. Die Kinder erlebten das nur aus Berichten der Erwachsenen mit, die beim Frühstück mit großer Spannung erwartet wurden. Aufmerksam war registriert worden, wer wieviel spendiert hatte, und kritisch auch untersucht, ob der eine nicht zu dick aufgetragen und der andere sich nicht etwas zu knickrig benommen hätte. Am Sonntag zwischen

8 und 9 Uhr traf die Verwandtschaft aus nah und fern ein. Tanten und Onkels, besonders geladene Gäste, aus jeder Familie auch noch ein oder zwei Kinder. Es war eine große Gesellschaft, die sich da einfand. Man hatte Not, sie alle unterzubringen. Kamen sie von besonders weit her, so wurde ihnen vor dem Kirchgang noch ein Teller Nudelsuppe aufgewartet.

Auch der Gottesdienst erhielt einen festlichen Charakter. Der Posaunenchor blies, viele fremde Gesichter aus nah und fern waren anwesend. Der Pfarrer gab sich bei seiner Predigt alle Mühe. „Schön predigt euer Pfarrer und ganz frei, er liest überhaupt nicht ab", lautete das anerkennende Urteil beim Mittagsmahl, sofern er Lob verdient hatte. Und die ganze Familie war stolz, einen so tüchtigen Pfarrer zu haben.

Die Gespräche, die so hin- und hergingen, bewegten sich zunächst in einer sehr festen, fast steifen Ordnung. Wie das lange Tischgebet, bei dem einmal die Tante, dann der Onkel, dann die restlichen Angehörigen im gleichmäßig singenden, schwingenden Tonfall sprachen. Wenigstens wurde beim langen Gebet vor der Kirchweihmahlzeit nicht wie sonst fleißig hantiert; das gehörte sich halt doch nicht, so daß es unterblieb, wenn die Freundschaft zu Gast war. Die Kinder hatten bei der Unterhaltung zu Tisch den Mund zu halten. Mitzureden hätte als vorlaut gegolten, Zeichen schlechter Erziehung. An diesem Tag wollten sie das den Eltern nicht antun. So blieb ihnen nur übrig, die Augen aufzumachen und die Ohren. Auch das war recht anregend.

Auffallend war, daß sich alle Anwesenden, wollten sie nicht als ungehobelt gelten, einer besonders gehobenen Sprache bedienten, die im Alltag nur Anwendung fand, wenn hoher Besuch einkehrte — etwa der Pfarrer. „Macht es euch komod, Vetter", wurde etwa ein etwas ferner Verwandter aufgefordert, Platz zu nehmen.

Dem ausgedehnten Mittagsmahl, das wenigstens drei Gänge umfaßte, schloß sich der Besuch des Dorfplatzes an. Jetzt schlug die schöne Stunde der Kinder. Endlich war auch das Kirchweihgeld fällig, nicht alles durfte ausgegeben werden. Ein Markstück mußte reichen. Der Rest wanderte in die Sparbüchse.

Am späten Nachmittag, beim Kaffee, blieben die Erwachsenen unter sich. Das junge Volk erlustierte sich auf dem Festplatz.

Zur Verabschiedung der Gäste kamen wieder alle zusammen. Tanten und Vettern dankten für die „Aufwartung", nahmen ein großes, in weißes Tuch gewickeltes Paket entgegen, in das von jeder Kuchensorte ein paar Stücke als Gruß an die Daheimgebliebenen eingepackt war, das „Kirchweihbündel", und machten sich auf den Weg.

Der Abend gehörte der Jugend. Im großen Saal des Wirtshauses war Tanzmusik. Die Kinder erlebten und erträumten in der Ferne, am Wirtshauseck stehend, was sich tat. Neugierig beobachteten sie, wer mit wem dem Tanzboden zustrebte.

Und am Montagabend gabs einen ähnlichen Tanz für die Väter und Mütter. Auch da hatten die Schulkinder nichts zu suchen. Die Vorbereitungen freilich verfolgten sie um so aufmerksamer.

Der Karussellbauer Kunzmann

Während in den Küchen die Frauen Bäckereien fabrizierten, war draußen auf dem kleinen Festplatz längst schon der Karussellbauer Kunzmann mit seiner Frau und den vielen Kindern aufgezogen. Er kam aus Wolframs-Eschenbach und zählte zu den pünktlichsten Kirchweihgästen. Ohne ihn wäre die Kirchweih nicht Kirchweih gewesen.

Einen ganzen Tag werkten er, seine Frau und ein Teil seiner elf Kinder am Aufbau des Wunderwerkes. In der Mitte ragte ein Mast auf, dem nach allen Seiten Flügel angehängt wurden. Wie ein riesiger Regenschirm wirkte das Stoffdach, das man drüber zog. Von Jahr zu Jahr durften die Dorfkinder je nach Alter ein wenig mehr mithelfen. Dafür gabs eine und für besonders verdienstvolle Gehilfen zwei oder drei Freifahrkarten.

Einmal erlebte der junge Hans die Ungerechtigkeit der Ausbeutung. So empfand er wenigstens: den ganzen Tag hatte er geschuftet. Stangen und Ketten, Kisten, Bretter und Balken hatte er herbeigeschleift und weggeschoben, hölzerne Pferde, Schwäne und Schaukeln hatte er mit aufgehängt. Ein Lobeswort nach dem anderen hatte er eingeheimst. Keinen einzigen Tadel mußte er einstecken, so fleißig war er. von Mal zu Mal war seine Erwartung gestiegen. Zum Mittagessen hatte er sich kaum Zeit genommen, vor lauter Eifer. — Und am Ende gabs keinen einzigen Pfennig Bargeld, nur zehn, freilich ganze zehn!, Freikarten.

„Der Kunzmann muß halt auch seine Fünferle zusammenhalten", meinte seine Mutter zu seiner Klage.

Darin, daß die Pferde, Schwäne, allmählich auch Autos und Räder, über dem blanken Boden hingen, unterschied sich das Dorfkarussell von den Einrichtungen ähnlicher Art in der Stadt. Dort durfte man einen vornehm kreisenden Bretterboden betreten, ehe man sich aufs Pferd schwang.

Die Vollendung des Werkes war es, als das Wunderreich mit einer riesigen leinenen Decke umhüllt wurde. Darunter verbargen sich nun die Geheimnisse, die am nächsten Morgen nach dem Gottesdienst geöffnet werden sollten. Bis dahin hieß es Geduld haben.

Oft sah der Sechsjährige, an die Kirchenmauer gelehnt, dem Kunzmann zu. Und lange. Er wurde mit dem Problem nicht fertig, wie dieser geringe Mann das riesige Karussell den ganzen Tag in Schwung halten konnte. Ihm reichte es ja schon, wenn er mit der handgetriebenen Futtermaschine im Heuboden eine Viertelstunde Viehfutter schneiden mußte, wobei ihm ein großes Schwungrad die Anstrengung erleichterte. Der Karussellmann aber mußte ein ganzes rundes Haus drehen, drehen, drehen. Und daß er vor jeder Tour bremsen und dann wieder von neuem anfangen mußte, machte das Ganze noch viel schwerer.

„Er muß sich schrecklich quälen", dachte der Beobachter und war ein wenig versöhnt mit der Enttäuschung, beim Karussellaufbau ziemlich leer ausgegangen zu sein.

Der Kunzmann indessen trieb sein Karussell von Sonntagvormittag bis Montagabend spät in die Nacht hinein. Sein junger Freund sinnierte darüber nach, wie er es schaffte, das riesige, flach gelegte, hoch aufgestellte, mit allen möglichen Holztieren behängte

Rad, unter dem die Kinder jubelten und lärmten, in Schwung zu halten. Mit der linken Hand klammerte sich der Kunzmann an den dicken, senkrechten, mit rotem Ochsenblut gestrichenen Holzstamm, mit der rechten bewegte er die schwere Kurbel. Sein ganzer Körper schwang mit.

Und seine Frau machte die Musik. Zwei Tage nacheinander, zweimal zehn Stunden lang, spielte sie die kleine Orgel, an den Stamm gelehnt, an dem auch ihr Mann sich festhielt. Er mußte sich strecken, um das Karussell zu drehen; sie mußte sich bücken, um den Leierkasten in Bewegung zu halten. Wehmütig sah sie drein, wehmütig waren die Töne, die der bunte Kasten hergab. Schief stand sie da, mit gekrümmtem Rücken, recht bucklig; schief gerieten auch die Melodien, die der geplagte Kasten sang. Aber den Kindern waren diese Töne Wege zu glücklichem Erleben. Stundenlang umlagerten und bedrängten sie das Karussell, bewunderten den Kunzmann und seine Frau, beneideten seine Kinder, die dem bunten Reich so nahe sein durften, winkten einander zu, beobachteten, wer noch alles da war, um es zu Hause der anteilnehmenden, neugierigen Familie stolz zu berichten; vor allem solche wurden registriert, die von weit her kamen, die Fremden.

Und immer wieder fraßen sich die Augen des jungen Hans am Karussellmann und seiner Frau fest, wie er die schwere, handgeschmiedete, senkrecht gestellte Kurbel in weit ausholenden Bewegungen drehte, und wie seine Frau mit ihm, das Zeichen zum Start gebend, die waagerechte Kurbel der Orgelwalze für die Dauer eines Umlaufes trieb.

Stunden und Tage brachte die Schuljugend des Dorfes alle Jahre auf dem kleinen Festplatz zu — der

Erinnerung nach wurden es Wochen, an Erleben ganze Monate. Demgegenüber interessierte ihn der bescheidene Verkaufsstand mit dem weißgedeckten Tisch, angelehnt an die gewaltige Mauer der Kirche, ziemlich wenig. Der Lärm, den die Schreckschußpistolen machten, die mit einem Korkpfropfen geladen wurden, und die kleinen Blechpistolen, in deren Magazin eine Papierrolle mit Pulverplättchen gelegt wurde, so daß man einen Krach auslösen konnte, als bediente man ein Maschinengewehr — das alles ließ ihn ziemlich kalt. Auch die Schiffschaukel, die alljährlich aufgebaut wurde. Sie gehörte zu den Requisiten dörflicher Kirchweihfeste wie das regelmäßige Programm, nach dem das Ganze ablief.

Metzelsuppe

Das größte Ereignis im späten Herbst war alljährlich die Schlachtschüssel, in Franken „Metzelsuppe" genannt. Da durften die Kinder sich tags zuvor sogar vom Unterricht befreien lassen. Dieser Tag war fast schon ein Fest.

Stockdunkel war es noch draußen, wenn gegen sieben Uhr der Metzger eintraf, nach freundlichem Gruß und kurzem Gedankenaustausch seinen großen Rucksack öffnete, die dicke fettige Lederscheide herausholte, in der eine Handvoll Messer steckten, und sich den breiten Gurt um den Leib schnallte. Tüten unterschiedlicher Größen mit geheimnisvollen Gewürzen legte er auf die breite, dicke Bohle, die als Hackbank diente.

Kinder zählten den Metzger wegen seiner jährlichen Wiederkehr im Familienkreis denen zu, denen man sich besonders freundschaftlich verbunden fühlt.

Mit aufgerissenen Augen standen sie herum, wenn das keifende und quieksende Schwein unter gutem Zureden vieler Zeugen, an einem Hinterbein mit einem Strick festgebunden, erbärmlich zappelnd, mehr aus dem Stall gezerrt als getrieben und endlich mit einem schweren Hammer auf die Stirn geschlagen, umgeworfen und abgestochen wurde. In weitem Bogen schoß das Blut aus dem aufgeschlitzten Hals, von der Bäuerin in einer großen Schüssel aufgefangen und kunstgerecht verrührt — offenbar um zu verhindern, daß es stockig würde; man wollte verhindern, daß es gerinnt. Ein süßlicher Geruch drang durch die frische Morgenluft. Und süßlich-bitter roch es bald nach verbranntem Horn, Stroh und Schweineborsten, als die ausgeblutete Sau gesengt wurde, wobei der Metzger mit schmalen Haferstrohgarben, die lichterloh in die Morgendämmerung hineinbrannten, so lange über die Haut des toten Fleischberges hin und her schwang, bis er um und um schwarz war. Dann begann das große Schaben mit den handlichen Blechglocken, unter ständigem Begießen mit kochendheißem Wasser. Rosig leuchtete die untere Hautschicht, wenn mit einem feinen Steine die Oberschicht beseitigt war. Unter kräftigem Hauruck aller Beteiligten wurde die Sau an den Schragen gehängt.

Zuvor hatte der Metzger die großen Borsten des Rückens und des Nackens herausgerissen und sorgfältig verpackt. Sie gehörten zum Naturalerlös seiner Entlohnung — wie auch einiges andere vom Schwein, das sich offenbar günstig ab- und in Geld umsetzen

ließ. Am liebsten nahm er den „Juden", das köstliche Kammstück, mit.

Treffsicher zerhackte er den Fleischberg mit einem kunstvoll verzierten Beil, und sorgfältig sicheren Schnitts tranchierte er die großen Stücke mit dem langen, säbelförmigen Messer.

Die Hausfrau füllte Eimer und Schüsseln, um das Ganze möglichst schnell im riesigen dampfenden Kessel zu sieden, der in der Küche, bei schönem Wetter auch auf dem Hof aufgeheizt wurde. Heute wurde nicht Wäsche, sondern wurden Würste gekocht.

Gegen zehn Uhr warteten alle auf das Kesselfleisch. Der Metzger unterbrach sein geschäftiges Treiben, zog ein riesiges rotes Schneuztuch aus der Tasche, wischte sich den Schweiß von der Stirn und fischte stochernd aus der Schüssel, was ein jeder sich wünschte. Sonst gabs, ausgenommen die hektische Erntezeit, ja nur zweimal in der Woche werktags warme Mahlzeiten mit Fleisch, am Dienstag und am Donnerstag; während der übrigen Tage wurden mittags Mehlspeisen aufgewartet. Nur zur Brotzeit kamen Wurst, geräuchert oder auch aus Dosen, Salzfleisch, Schinken und Schmalz auf den Tisch. Kein Wunder, daß die Schlachtschüssel zu den großen Ereignissen des Jahres zählte. Der „Erdbirnbaunzen" wegen, die es allwöchentlich gab, erschien derartiger Aufwand kaum geboten. Schon zum zweiten Frühstück an der Metzelsuppe Fleisch nach Wunsch — ein solcher Tag mußte zum Feste geraten!

Dem Metzger setzte jetzt zum erstenmal an diesem Tage die Bäuerin das große gläserne Bierseidel vor. Ihm zu Ehren war es aus dem Vertiko in der guten Stube hervorgeholt worden. Auf seinem Deckel prunkte — in voller Uniform, ebenso protzig wie gutmütig aus dem vollbärtigen Gesicht zwinkernd — der Prinzregent Luitpold. Als der Metzger erklärte, daß er auch einmal eine solche Wichs getragen habe — nämlich bei den Ansbacher Königsulanen —, da schlug die Verehrung der jungen Leute in tiefen Respekt um. Mancher sah an sich hinunter: ob er wohl auch einmal eine solche Kluft tragen würde?

Am frühen Nachmittag war das Werk des Brandmetzgers beendet. Der Hausfrau gab er noch ein paar Anweisungen, wie lange sie die Preßsäcke zu kochen habe, wie und wann sie die Leber-, Blut- und Hirnwürste „retteln" müsse, nämlich ob und wie die Dosen verschiedener Größe zu rollen seien.

Die Mutter beschäftigte vor allem die Frage, ob es ihr gelänge, auch ihr Fleisch richtig einzusalzen. Sie war sichtlich aufgeregt. Die beiden sehr unterschiedlichen Fässer, der kleine Spund, der sich nach oben hin konisch verjüngte, und das mittelgroße Salzfleischfaß, hatte sie bereits sorgfältig vorbereitet. Das für den Kamin vorgesehene Rauchfleisch blieb nur kurz im Faß. Es wurde anders gewürzt als das für gut ein halbes Jahr eingelegte Pökelfleisch. Letzteres wurde in kleine Stücke geschnitten, neben dem großen Krautfaß in der Tenne aufgestellt und mit vielerlei Gewürzen ausgestattet. Es gab Leute im Dorf, vor allem die guten Nachbarinnen, so erzählte man sich, die das Ausmaß an Reinlichkeit, das in einem Haushalt herrschte, nach dem Geruch beurteilten, den das Pökelfaß verbreitete.

Das Räucherfleisch aber hing sechs Wochen später im offenen Kamin, unter dem zu diesem Zwecke ein Räucherfeuer geschürt wurde, das mit besonders wohlriechenden Kräutern wie Wacholder zu starker Rauchentwicklung gebracht wurde — dort oben also baumelten dann Schinken und Bratwürste an den schwarzen Holmen. Sehnsüchtig schaute man hinauf, zählte die Stangen, an denen sie aufgereiht waren, und genoß es, wie das Wasser im Mund zusammenlief, wenn man an die Heuernte dachte: da kam die große Stunde des Genusses von Butterbrot, gesalzenen Rettichen, ausgetrockneten Brat- und Rohwürsten und — vor allem — des saftig frischen Räucherschinkens. Was blieb jetzt schon anderes übrig, als hinaufzuschauen.

Auf Schlittschuh und Stachelschlitten

„Jetzt kommen die Feiertage", hieß es — und die Stunden nahmen einen anderen Verlauf. Die Mutter war feierlicher als sonst und tat anderes als üblich, Plätzchen buk sie zum Beispiel oder schloß sich in die Kammer ein, nichts mehr war von ihr zu sehen, nur Papierrascheln vernahmen die lusenden Kinder hinter der Kammertür.

Einmal, meist in der letzten Woche vor Weihnachten, durften die Kinder zum Ansbacher Christkindlesmarkt. Gut fünfviertel Stunden dauerte die Fußwanderung durch den Feuchtlachwald; aber hinwärts verging die Zeit wie im Flug. Wie verzaubert kamen sich die Kinder zwischen den Buden auf dem hell erleuchteten Platz unter den mächtigen Türmen der Gumbertuskirche vor. Alles glänzte, strahlte, prangte; sogar der Atem der eingemummten Gestalten hinter den reich beladenen bunten Tischen glitzerte schneeweiß erstarrt.

Schließlich machten es die Kinder den Alten nach und kauften ein. Einmal im Jahr wollten sie dieses große Erlebnis haben — ein Weihnachtserlebnis für sich. Für den Vater hatte der kleine Hans eine besonders dicke Zigarre entdeckt — eine Mark kostete sie! Und der Mutter hatte er etwas Christbaumschmuck zugedacht, der ihm besonders in die Augen stach. Beim „Aufpflanzen" des Christbaums war im Jahr vorher ein Glöckchen kaputt gegangen, an dem die Mutter besonders hing, weil sie es von ihrer Großmutter geerbt hatte, wie viele andere bunte Vögel, froststarrende silberne Männer, mit Schneepuder bestreute

Kugeln, winzige rote Fliegenpilze und eine spiegelblanke, geschwungene und verschnörkelte Christbaumspitze mit langem Silberhaar. Das kleine Glöckchen wollte er ersetzen — und außerdem gefiel es ihm so gut.

Gegen Feierabend, kurz vor Ladenschluß, war er mit dem Vater verabredet. Am golden angestrahlten Herrieder Tor sollte er ihn erwarten. Viel zu früh hatte er sich erwartungsvoll postiert. Bis der Vater kam, froren ihm schier die Beine ab. Ein einmaliges Ereignis stand bevor: der Hans sollte Schlittschuhe bekommen. Er durfte dabei sein, wenn sie ausgesucht wurden. Ganz ehrfurchtsvoll schaute der Kleine zum Vater auf, als die Bedienung zuvorkommend nach den Wünschen fragte und sogleich einen ganzen Arm voll Kartons ausbreitete. Dem Buben verschlug es die Sprache vor soviel Chrom- und Nickelglanz. „Magst die oder die?" Der Bub blieb stumm. Er verstand ja nichts von diesen Dingern. Er wußte nur, daß es so etwas überhaupt gab. Vier Mark achtzig kosteten die, für die sich der Vater am Ende entschied. „Dafür habe ich einen ganzen Tag gearbeitet", stellte er fest. Der Wert der Schlittschuhe stieg in den Augen des Beschenkten gewaltig.

Am Abend konnte er lange nicht einschlafen. Immer wieder langte er aufs Nachttischchen, wo der Karton stand. Einmal stand er sogar auf, obwohl er schier vor Kälte erstarrte. öffnete bibbernd das Paket, befühlte das silbern strahlende Metall, strich über die scharfen Kanten und den Hohlschliff an der Lauffläche, packte sie sorgfältig wieder ein und freute sich auf den frostigen Morgen, den 4. Adventssonntag. Nach dem Gottesdienst durfte er sie ausprobieren. Er war seinen Eltern richtig dankbar, daß sie mit diesem kostbaren Geschenk nicht bis zum ersten Feiertag gewartet hatten. „Wer weiß, ob da noch Eis ist", hatte der Vater erklärt, als die Mutter zu bedenken gab, „ob man dem Lauser die Dinger schon vor dem Fest" aushändigen dürfe.

Fast feierlich nahm der Vater den Schlittschuhschlüssel in die Hand, schob und drückte, probierte und paßte die metallene Kostbarkeit der Schlittschuhe an den Sohlen der Winterstiefel zurecht, bis alles stimmte, zeigte dem ungeduldigen Buben die wichtigsten Handgriffe und führte ihn aufs Eis. Er schien aufgeregter als der Bub. So jedenfalls hörten sich die Ermahnungen an, die er auf dem Weg zum Mühlbach vorm Haus erteilte.

Kaum ruderte der Anfänger schwankend und wakkelig auf der Eisfläche, da gabs auch schon den ersten großen Ausrutscher mit Landung auf dem Hintern. Es tat ziemlich weh. Den Vater freilich schien er mehr zu schmerzen als den ungelenken Läufer. „Es dauert noch lange, bis ich so gut Schlittschuh laufen kann, wie die Stadtkinder auf dem Becken-Weiher in Ansbach", meinte der Bub, als er müde, verbeult und halb erfroren auf der Haustreppe sitzend versuchte, die glatten Dinger abzuschrauben. Dabei wären ihm beinahe die Finger an das eiskalte Metall angefroren.

Mochte er sich den Städtern gegenüber, die sogar bei Walzermusik schöne Figuren aufs Eis tanzten, unterlegen fühlen: im Dorf rechnete er sich zu den Ausgezeichneten. Nur die wenigsten hatten so kostbare Schlittschuhe; einige banden sich entsprechend zugerichtete Holzscheite unter die Füße, und andere fuhren mit dem Stachelschlitten auf dem Weiher. Manche von ihnen brachten es dabei zu beträchtlichem Geschick und erreichten Geschwindigkeiten, wie sie der Schlittschuhläufer auch in guten Tagen nicht schaffte. Solch ein Stachelschlitten war eine imponierende Einrichtung. Zwei Brettkufen seitlich, mit schmalen Eisenbändern beschlagen und stabilen Querbrettern. Man stellte sich darauf, schob sich mit einem einfachen Spieß an und konnte in kalten Tagen, sobald die Bäche zugefroren waren, den ganzen Silberbach und Rezatgrund hinunterfahren, vorbei an Lichtenau, bis über Immelsdorf hinaus.

Mit den Schlittschuhen war das nicht möglich: da schmerzten die Waden schon nach einer halben Stunde. Selbst die Vigilantesten bevorzugten bei solchen Unternehmungen den altmodischen Stachelschlitten. Der Hans freilich nahm Mängel und Strapazen in Kauf im Bewußtsein, das Modernere — und etwas Besonderes — zu haben. Da war ihm keine Plage zu lästig.

Um Weihnachten herum

Der Heilige Abend stand ganz im Zeichen weihnachtlicher Vorbereitungen. Für den Vater und den Ältesten war die Hauptaufgabe, einen Christbaum aus dem Wald hinter dem Haus zu holen und ihn zu schmücken. Das Märchen, dies würde vom Christkind bei Nacht und Nebel besorgt, banden die Eltern dem Achtjährigen nicht mehr auf. Fast tat es ihm leid, sich nicht mehr auf die weiße Gestalt mit der kleinen Krone und dem großen Tragkorb freuen zu können, die ihn im Vorjahr mit ihrer hohen Stimme trotz vieler Zweifel zittern gemacht hatte, bis er dahinterkam, daß es die ältere Tochter eines Nachbarn war.

Eigene Gottesdienste wurden am Heiligen Abend nicht angeboten. Die Christmesse galt als katholisch. Statt dessen lief alles, was gehen konnte, am ersten Feiertag zur Kirche. Riesenhohe Fichtenbäume waren im Chorraum aufgebaut. Sie ragten sogar noch über die Orgelempore hinaus. Dem Hans blieb schleierhaft, wie der Mesner es geschafft hatte, alle Kerzen anzuzünden, auch die obersten.

Seit Schuljahrsbeginn war er Orgelbub, was bedeutete, daß er den gewaltigen Blasbalg, den der übermächtige Schrank barg, ständig voll Luft pumpen mußte. Heute war er vom weihnachtlichen Kerzenwunder abgelenkt. Immer wieder trieb es ihn vom Tretbalg hinter der Orgel zur Brüstung der Empore vor, um die bunten Kerzen und Kugeln zu bewundern, die vor ihm strahlten. Einmal schaute er bewundernd, grübelnd und suchend so lange hinunter, bis allmählich die Orgel verstummte. „Allmächt, der ist die Luft ausgegangen, ich hab' das Pumpen vergessen", schoß es dem weihnachtlich gestimmten Chorbuben durch den Kopf. Den Blicken des Schulfräuleins zufolge, die hinter dem Manual verzweifelt auf Luft hoffte, konnte er sich auf einiges gefaßt machen.

Am Nachmittag des hohen Festes gingen die Dorfkinder gerne in die Häuser ihrer Altersgenossen, um die Christbäume zu besichtigen. Erwartungsvoll hielten sie ihre „Scharmützel" in der Hand, voller Hoffnung, sie möglichst schnell gefüllt zu bekommen. Eifrig öffneten sie zu Hause die mit Plätzchen gefüllte Tüten und berichteten, wer den schönsten Christbaum habe.

Der Stefanstag, wie der zweite Feiertag zum Gedenken an Stephanus landauf, landab hieß, verlief ziemlich normal. Da gab es viel Erwachsenenbesuch. Die Kinder gingen nachmittags nach der Christenlehre aufs Eis.

Ein paar Tage später, als das große Neujahrswünschen fällig war, lockte eher die Macht des Mammons als das Bedürfnis, Gutes zu wünschen. Die Runde durch Freundschaft, Vettern und das ganze Dorf zählte zu den ertragreichsten Aktionen des Kinderjahres.

Konfirmation

Fast wichtiger als der Konfirmationstag selbst war die Vorbereitung darauf. Volle zwei Jahre nahmen Präparanden- und Konfirmandenunterricht in Anspruch.

Am meisten bewegte gegen Ende der Vorbereitungen den jungen Konfirmanden die „Abbitte".

Mit diesem Verlangen griff der Pfarrer eine uralte Übung auf. Aber damit begründete er nicht einmal die Ratschläge an die jungen Leute. Das hätten sie auch nicht eingesehen. Er argumentierte vom Konfirmationsereignis her, als er aufzählte, bei wem seine Schüler „Abbitte" zu leisten hätten — nämlich bei den Eltern, bei den Paten, den Lehrern und auch natürlich im Pfarrhaus.

Auf jedes Fest bereite man sich gründlich vor, meinte er. Sie kennten das sicher von Familienfeiern her. Bei einem Fest, das mit Gott zu tun habe, solle es nicht anders sein. Dies sei der Grund für den gründlichen Konfirmandenunterricht. „Ein bißchen viel Vorbereitung", dachte sich mancher. Ob das Fest wohl zu den zweijährigen Vorbereitungsarbeiten in einem angemessenen Verhältnis stünde? Kurz vor Kriegsende 1944 war die Feststimmung sowieso ziemlich gestört. Der Vater war bei Stalingrad vermißt, wie die Väter anderer Mitkonfirmanden, so daß dieser Tag nicht sehr fröhlich geraten konnte.

Hauptinhalt der Konfirmation sei die Erlaubnis, zum heiligen Abendmahl gehen zu dürfen und zur Beichte, lehrte der Pfarrer. In der Bibel werde ein Wort Jesu und eines von Paulus überliefert, in denen stünde, daß

man mit Gott und Christus nicht Gemeinschaft haben könne, wenn das Verhältnis zum Bruder — etwa zu den engsten Angehörigen — gestört sei. Deswegen sei es wichtig, vor der Beichte und dem heiligen Abendmahl den „Beichtspiegel" im Gesangbuch zu lesen. Man tue es am besten am Abend vorher. Ebenso wichtig sei es, daß man sein Verhältnis zu den Mitmenschen der nächsten Umgebung in Ordnung bringe. Er erwarte deshalb, daß man vor der Beichte zu den Eltern und Geschwistern gehe und um Vergebung bitte, „wenn ich dir etwas zu Leid getan habe". — Das fiel schrecklich schwer. Aber entziehen konnte sich keiner diesem Verlangen. Keiner hätte das im Dorf gewagt.

Hans, der Konfirmand, hatte schon seinen blauen Anzug an, dessen Ärmel viel zu lang waren, die Mutter rückte noch einmal den schwarzen Selbstbinder zurecht — offenbar wußte sie, daß ihn noch etwas drückte, ehe er am Samstagnachmittag zur gemeinsamen Beichte in die Kirche wegging. Er war furchtbar verlegen. Bis zum letzten Augenblick druckste er herum. Als es gar nicht mehr anders ging, streckte er die Hand aus und stammelte kaum hörbar seinen Abbittspruch. Auch die Mutter schien ziemlich verlegen. „Ist schon recht, werd ein ordentlicher Kerl", winkte sie mehr ab, als sie zuhörte. Es war ihrem Ältesten tröstlich, daß auch ihr das Kinn pepperte.

Zum Lehrer und zum Pfarrer ging der ganze Jahrgang gemeinsam. Das war viel leichter. Das Kollektiv machte stark. Einen Sinn hatte der Gang zu ihnen bestimmt, denn die hatten sie oft schon „sakrisch" geärgert. Auf dem Heimweg plagten den ansonsten erleichterten Hans ein paar Gedanken, für die er sich am Vorabend seines Abendmahlganges schier schämte. „Haben die es eigentlich nicht nötig, auch bei uns Abbitte zu tun?"

Der entsprechende Gang zu den Paten war mehr förmlicher Art und längst erledigt. Die Familie hatte sich auf den Besuch gründlich vorbereitet. Man kam bereits zum Mittagessen. Küchle waren gebacken worden, bei der festlichen Kaffeetafel wurden sie aufgetischt. Das lange Danksagungsgebet brauchte der Dot nicht mehr aufsagen, sondern überreichte es, säuberlich niedergeschrieben, als Bild gerahmt. Von da an schmückte der Patendank die gute Stube. Sozusagen als Gegenleistung erhielt er das Patengeschenk, eine Uhr. Es war eine ehrwürdige Taschenuhr, die der Patenonkel mitten im Krieg mit Mühe und Not aufgetrieben hatte. Zur Konfirmation brachten die Paten noch ein in Leder gebundenes Gesangbuch, auf das der Name des Besitzers gedruckt war — zum erstenmal der Name gedruckt!

Als Konfirmand fing er an, am Morgen und am Abend, oft mit zusammengezogenen Knien in wenig gebetshafter Haltung seine Gedanken Gott zuzuwenden. Er betete regelmäßig mit eigenen Worten und eigenen Gedanken. Nicht mehr wie früher gelernte Reime. Das hatte der Pfarrer ihm beigebracht.

Von seiner Patin hatte er ein „hübsches" kleines Gebetbuch geschenkt bekommen, verfaßt von einem Pfarrer namens Habermann und deshalb seit Generationen in den Häusern des Dorfes „das Habermännlein" genannt. Fast in jedem Haus war es zu finden. Seine handliche kleine Form — die wenigen Bücher auf dem Dorf waren im allgemeinen groß — verlockte schon zur Benutzung. Danach richtete er sich bei seinen eigenen Gebeten.

Der Samstag, an dem der ganze Jahrgang zur Beichte zusammentraf, blieb neben der Abbitte vor allem auch der eindringlichen Gebete wegen unvergeßlich, die der Pfarrer sprach, ehe er mit den Kindern vom Pfarrhaus in die Kirche zog und dort die Beichte abnahm, wie sie im Gesangbuch steht.

Am Abend, als das Fest vorüber war, meinte die Patin wehmütig, für sie sei die Konfirmation der schönste Tag in ihrem Leben gewesen. Ihr Neffe verstand sie. Zum erstenmal war er Mittelpunkt und Hauptsache einer großen Familienfeier. So wird es bei ihr auch gewesen sein. Später spürte er, wie sehr die festen Ordnungen, die auch für diesen Tag vorhanden waren, das Erlebnis seines inneren Gehaltes erleichtert hatten.

Osteraktion

Mit der Zeit wurde es langweilig, nur Spiele zu spielen, die andere auch schon gespielt hatten. Man mußte sich etwas neues einfallen lassen. Im ersten Nachkriegsostern fand sich eine interessante Idee.

Weil die Buben nie recht erfahren hatten, was es mit dem Osterhasen eigentlich auf sich habe, füllten sie diese Lücke durch eigene schöpferische Fantasieentfaltung. Die Altersgenossen beschlossen am hohen ersten Feiertag nach der Kirche: „Wir geben uns, dem ganzen Dorf, vor allem aber den Jüngeren eine Antwort darauf, was es mit dem Osterhasen auf sich hat. Wir spielen ihn selber"! Dieses Vorhaben wurde um so schneller gebilligt, als eine tags vorher geplante Aktion geplatzt war: Das Osterfeuer, das sie abbrennen wollten — sie hatten einen riesigen Berg aus Reisig, Teerfässern und Brettern aufgeschichtet — war ihnen verregnet worden. So drängten Tatendrang und Gemeinschaftswille nach anderen Aktivitäten zur Selbstdarstellung.

Die Idee war einfach: Man nahm sich vor, ein Pärchen, als Hase und Häsin maskiert, mit einem bunt geschmückten kleinen Handwägelchen durchs Dorf ziehen und die kleinen Kinder mit bemalten Eiern beschenken zu lassen — zugleich hofften die Initiatoren darauf, für dieses löbliche Werk angemessen entschädigt zu werden.

So kams dann auch. Die Vorbereitung freilich war auch in diesem Falle mehr wert als die ganze Aktion. Jeder der Buben nahm sich ein paar Familien vor, zu denen er fechten ging; das gesammelte Gut wurde zusammengelegt, die Eier wurden gekocht und bemalt — stundenlang waren die Buben beschäftigt. Der Wagen mußte geschmückt werden und vor allem: Hase und Häsin waren zu maskieren.

Der Ertrag der Osteraktion war eindrucksvoll. Die Buben nahmen mehr ein, als sie erwartet hatten — leider nicht nur Bargeld. Es war soviel, daß die ganze Sippschaft sich am Ostermontag einen gemeinsamen Gang in die ferne Stadt zum Kino leisten konnte.

Brotbacken

Schleppend schleichen die Tage für Kinder dahin. Was Erwachsenen wie im Fluge entschwindet, erleben sie wie einen weiten Raum, der sich nicht füllen will.

Wie schnell die Zeit vergeht, empfand der kleine Hans, wenn wieder einmal das Brot ausging und der Backtag nahte. Am Abend vorher schon stellte man den großen Trog am Ofen auf, ein schwerer Mehlsack wurde hereingetragen und langsam in das eckige Teigschiff geschüttet.

Mit vernehmlichem Seufzen krempelte die Bäuerin nach Feierabend ihre Ärmel hoch, mischte das Mehl, goß lauwarmes Wasser darüber und aus einem irdenen Krug den angemachten „Hiefel", den Sauerteig. Nur zur Hälfte war das Mehl im Trog verwendet worden. Die andere Hälfte bildete einen weißen Berg, dessen Gipfel über die Trogwände herausragte.

Über Nacht sollte der Angemachte „treiben".

„Was da wohl vor sich geht? Hoffentlich platzt nicht die ganze Bescherung", sann der kleine Hans, als er am nächsten Morgen in aller Frühe in den Teigtrog guckte und sah, wie es in der graugelben Masse arbeitete, Blasen sich bildeten, die sanft zischend zergingen.

Salz kam nun dran, Kümmel, und das geheimnisvolle Brotgewürz. Den Rest des Mehls vermengte nun die Bäckerin mit dem Teig. Schier endlos wühlten und mischten ihre Hände und spürten feine Mehlknötchen auf.

Die Kinder brachten die Strohnäpfe, saubergeflochtene, flache, mit schmaler Weidenrinde gebundene

Riesenteller, klopften sie aus und bestreuten sie mit Mehl. Laib für Laib knetete die Bäckerin zurecht und füllte Napf für Napf.

Längst schon war der Backofen angeschürt, riesige lange Scheite knisterten und krachten.

Aufregend wurde es, sobald das niedrige Gewölbe auf die Ofentemperatur geprüft wurde. An seiner Farbe las man ab, ob es die nötige Hitze habe. „Weich aus, weich aus", herrschte die Mutter die Kleinen an, wenn sie sich zu weit vorwagten, um genau zu sehen, wie mit dem breiten hölzernen Raffer glühende Scheitstücke, Kohle und Asche herausgeräumt wurden. Und der Bub machte sich Sorgen, ob sich denn die Mutter nicht wehtun könne, als sie mit einem großen feuchten Lappen tief in das immer noch weißlich glühende Loch hineinlangte, um es zu reinigen.

Mehr aber noch freute er sich auf den Zwiebelplatz, der aus einfachem Brotteig gewirkt, mit Fett bestrichen und mit Zwiebeln bestreut war. Bald würde es ihn geben.

Eifrig sprangen die kleinen Helfer hin und her, trugen die schweren Näpfe der Mutter zu, die ihren Inhalt auf die breite runde Ofenschaufel hinplatschte und den langstieligen Schieber in den tiefen weißen Rachen des Ofens einschoß. Schnell schob sie noch den Platz sorgfältig hinein und verriegelte die breite, niedrige eiserne Ofentüre.

Mordswichtig kamen sich die Kleinen vor, als die Mutter bald den warmen Platz aus den Ofen holte und ihnen reichte. „Da, laß ihn dir schmecken, weil du so fleißig geholfen hast." Sie freuten sich schon auf den nächsten Backtag. Wer gelobt wird, setzt sich gerne ein.

Ob's der Bäckin auch so ging? Mit allen Zeichen der Anspannung holte sie, „als es Zeit war", die heißen Laibe aus dem wabernden Ofen, nahm die feuchte Brotbürste und strich den blanken Brotlaib, bis er dunkel zu glänzen begann.

„Gut schmeckt dein Brot heute wieder, Mutter", stellte der Vater gelegentlich fest. „Meinst du"? gab sie zweifelnd zurück; das Lob sollte noch etwas deutlicher werden.

Heuernte

Ab Mitte Mai erlebten die Dorfkinder das Bauernjahr als ein einziges großes Erntejahr. Immer wieder gab es, trotz schwerer Arbeit, auch für die Kleinen Höhepunkte, die sie wie Festzeiten empfanden. Das erste dieser Art nahte, wenn zum Abschluß der Heuernte im fernen Altmühlgrund gemäht wurde; zu manchen Bauernhöfen gehörte dort ein größeres Stück Wiese. Sobald es dort so weit war, wurde die ganze Familie in Atem gehalten.

Vom Mähen selbst merkte das junge Volk nur wenig: Es wurde mit der neuen Maschine besorgt, die einige Personen bedienen konnte und nicht mehr von einer ganzen Rotte von Mähern, die sich schon früh um drei Uhr, längst vor Sonnenaufgang, auf den Weg machten.

Auch vom täglich zweimaligen Wenden blieben sie verschont, seitdem ein mechanischer Gabelwender angeschafft worden war, auf dem stolz der Stangenreiter thronte.

Wirklich hoch her ging es erst am dritten oder vierten Tag. Wenigstens vier Fuhren mußten heimgebracht werden, sofern das Wetter einigermaßen aushielt. In aller Herrgottsfrühe wurden die großen Leiterwagen aneinandergehängt. Am Abend vorher waren sie zusammengerichtet worden: Auf jedem lag ein mächtiger Heubaum, oft bis zu sechs Meter lang. Zum Schluß wurde er über die hohe Ladung gelegt. An beiden Enden der riesigen Leitern waren zwei schwere Winden angeschnallt — mit riesigen Löffeln und faustdicken Seilen, mittels deren man den Heubaum festrattelte.

Ehe es so weit war, mußte freilich das Heu bei schönem Wetter wenigstens noch einmal umgeschlagen und dann zu schnurgeraden Schlangen zusammengerecht werden. Beim kleinen Hans gab's regelmäßig Blasen an der Hand, wenn er beim Zusammenschlagen half. „Ja, ja, der Federhalter ist halt doch leichter als der Rechen", kommentierten schadenfrohe Spötter seinen Schmerz.

„Meistergeschäftiger kann es auch beim Turmbau zu Babel nicht zugegangen sein", dachte er, als Kommandos hin und her schallten und alles wie aufgescheucht um den Ladewagen herumrannte: wenn zum Beispiel der Lader den „Langern" energisch und lautstark seine Weisungen gab und diese die riesigen, runden, kunstvoll zusammengeschobenen Ballen stöhnend und stolz zugleich auf die Fuhre zutrugen, sie ein bißchen nach rechts, ein bißchen nach links,

ein wenig höher oder nicht ganz so tief schiebend, bis das erlösende „Jetzt paßts" von oben herabtönte.

Mit vereinten Kräften wurde am Ende der riesige Heubaum hochgestemmt, das faustdicke Seil darüber geworfen, die Holzwinde angezogen und schließlich die Fuhre sauber abgerecht, als müßte ein Bubikopf frisiert werden.

Wehe, wenn beim Hinausfahren aus der Wiese etwas schiefging. Schlimmer noch als der Schaden wäre die Blamage gewesen. Mann und Frau, Knecht und Magd und Kinder begleiteten den mitunter haushoch geladenen Heuwagen, stämmten, hoben, schoben, bis die ganze Pracht auf der ebenen Straße stand. Alles atmete auf, wenn die stählernen Radreifen krachend und knarrend die Straßenseite zermalmten.

Draußen wurden dann zwei volle Fuhren aneinandergehängt und eingefahren.

Solche Tage erlebten die Kinder trotz aller Anstrengung wie festliche Ereignisse. Dazu gab es immer wieder glückliche Pausen: zu Mittag und vor dem Aufladen saßen alle am Wiesenrain und hielten ihr Bauern-Picknick — Lindenblüten- oder Pfefferminztee gab es aus der babygroßen hölzernen Kanne, die alle Jahre zur Erntezeit hervorgeholt wurde; gewaltige Keile Brot, Salzfleisch und Backsteinkäse, vor allem aber frische Butter, teilte die Bäuerin aus.

Die schwerste Arbeit stand eigentlich erst noch bevor: das Abladen. Bis tief in die Nacht hinein dauerte es. Aber seitdem in der Scheune mechanische Heuaufzüge eingebaut worden waren, ging das etwas leichter.

„Wenn ihr wüßtet, was das früher für eine Plage war", klagten die Älteren, rühmten ihre Anstrengungen und rieben es den Jungen unter die Nase, wie schwer sie selbst es einst gehabt und wie leicht die Jungen es heute hätten.

Allzweckhandwerker

War das Heu eingebracht, kam die ruhige Zeit vor Beginn der Schnitternte.

Die Arbeiten in Stall und Hof blieben dieselben. Aber jetzt gab es Zeit, in Ordnung zu bringen, was liegengeblieben war. Vor allem mußte repariert werden, was in den hektischen Tagen der Heuernte zu Bruch gegangen war — an den Gespannen und Fuhrwerken, im Stadel, in Schuppen und Haus. Für den kleinen Knecht waren das Wochen wie in einer Handwerkslehre. Er lernte, die schweren Heuwagen aufzubocken, die riesigen Speichenräder herauszuheben und die Naben einzufetten. War eine Kufe gebrochen, so versuchte man, sie selbst zu erneuern. Lange wurde überlegt, ob es denn wirklich notwendig sei, zum Handwerker zu gehen. Denn das kostete Geld. Und das Geld mußte jeder zusammenhalten. Diejenigen, die damit flatterhaft umgingen, hatten wenig Ansehen: „Bei denen geht zuviel neben hinaus."

Da lernte einer ebenso mit dem Dreifuß wie mit den Grundwerkzeugen der Sattler als auch mit dem Schnitzmesser zu hantieren. An einem Tag wurde das Lederzeug geflickt, bald darauf das Fuhrwerk ausgebessert; am Pferdegeschirr waren die Stränge neu einzuziehen; ein paar Laschen mußten angeflickt werden, wozu die mit Schusterpech geglätteten Wurstbändel verwendet wurden; und am Ochsengespann war der Halter neu anzunähen, in dem der Peitschenschaft steckte.

Als dem Kleinknecht einmal sein junges Stiergespann ausgerissen war, das er eingewöhnt hatte, war auch am kleinen Futterwagen Schaden entstanden: eine der Streben, die die Leitern stützten, war gebrochen. „Da kannst du dein Gesellenstück machen", begründete der Bauer den Auftrag, eine neue Strebe zu schnitzen. Mit Feuereifer machte sich sein Stift ans Werk. Zwei volle Tage hatte er zu tun: Das geeignete Stück Eschenholz war auszuwählen, seinem Wuchse entsprechend war die Gabelung zu schnitzen, die die schwere Leiter zu stützen hatte; schließlich mußte das Werk zum Schmied gebracht werden, der es zu beschlagen hatte.

Das Lob des Chefs genügte dem Jungen nicht, als er mit dem reparierten Fahrzeug wieder Graseinholen fuhr. Bei seiner ersten Fahrt durchs Dorf fand er, jeder, der ihm begegnete und dem er einen fröhlichen guten Morgen zurief, hätte nur ein Interesse: die frisch gestrichene grüne Strebe am linken Hinterrad zu bewundern. Ziemlich enttäuscht war er, als ihn den ganzen lieben langen Tag keiner auf sein Wagenwerk ansprach.

Wie im Flug verrannen die Tage vor der großen Ernte, ruhige, lehrreiche Tage, ohne Hetze, voller besinnlichen Miteinanders im Haus, auf dem Hof, in den Scheunen und Schuppen.

Tennenflicker

„Der tuts nicht mehr lange", stellte die Bäuerin beim Mittagessen, das zwischen Heu- und Getreideernte etwas ausgedehnter war, fest, und berichtete eingehend ihr morgendliches Mißgeschick: im Hof habe sie die Hühner und Kücken, die Zippelein, zusammengerufen, um sie zu füttern. Da sei auch der schwarze wilde Kater von der Nachbarschaft dazwischengeraten. Sie habe ihn schnell vertrieben. Um ihm ein für allemal einen Denkzettel zu verpassen, sei sie ihm in die Scheunentenne nachgerannt, wohin er sich verzogen hatte. Leider habe sie sich keine Zeit genommen, auf ihren Weg zu schauen, so daß sie in einem ziemlich ausgetretenen Loch des unebenen Tennenbodens hängengeblieben, gestolpert und gestürzt sei. Einigermaßen mißgelaunt zeigte sie, vorwurfsvoll ihren Mann ins Visier nehmend, ihre leicht angekratzten Hände, mit denen sie sich „zu guter letzt gerade noch" habe abstützen können. „Das geht so nicht weiter. Der Tennenboden wird ausgebessert!" Offenbar hatte es darüber schon mancherlei Diskussionen gegeben. Es stellte sich heraus, daß der Bauer diese etwas komplizierte Arbeit hinausschieben wollte, bis seine beiden Buben wieder aus dem Krieg zurückkehrten, um dann das ganze sauber zu betonieren.

Im nachhinein wurde auch dem kleinen Knecht verständlich, warum sich der alte Bauer um diese Arbeit herumgedrückt hatte: zu umständlich war die Prozedur, die verschiedenen Löcher und Lücken der Scheunentenne zu flicken. Und ob das Werk gelänge, war gar nicht so sicher.

Zunächst galt es, eine riesige Fuhre Lehm aus der Grube der längst stillgelegten Ziegelei über einen halsbrecherischen Hohlweg zu holen, das eingebrachte Gut im leergefegten Hof zu lagern; in mühseliger Kleinarbeit waren Steine und Steinchen, harte Brocken oder andere Fremdkörper herauszusortieren. Das war die wichtige Arbeit für den kleinen Knecht. Die verbliebene Lehmmasse mußte gestampft werden. Da in diesem Jahr um die gewohnte Jahreszeit — es war der trockene Sommer 1947 — der Regen ausblieb, half man mit einem vollen Faß Wasser aus dem Silberbach beim Einweichen der riesigen Lehmmasse nach. Immer wieder mußte von neuem gespritzt werden, ein paar Tage lang.

Sorgfältig wurde in der Zwischenzeit reiner Kuhmist gesammelt. Zusammen mit feinem Sand, der in einer Halbtagsaktion aus der nahen Sandgrube herbeigeschafft worden war, mengte man ihn dem Lehmberg bei. Die zähe, klebrige Masse hin- und herzuschaufeln, zu stampfen, sozusagen zu kneten — das war eine schier selbstmörderische Beschäftigung, um die sich niemand riß. Zum Abschluß der Prozedur wurden ganze Säcke voll Gersten- und Hafergesod in die rotbraune Masse hineingemischt.

Nun konnte die Ausbesserungsarbeit in der Scheune beginnen. Akkurat, wie sonst nie, wurden die Löcher ausgekehrt, eingefeuchtet und kunstgerecht mit dem Lehmteig zugestrichen. Tagelang dauerte es, bis der Lehm einigermaßen angetrocknet war. Den größten Ärger machten die Hühner, die in diesen Tagen natürlich besonders gerne in der Scheune herumgekratzt hätten. Sie von ihrem zerstörerischen Tun abzuhalten, war wiederum in die Zuständigkeit des kleinen Knechtes gelegt worden. Wofür so ein junger Spund doch gut war!

Tauben-, Hühner-, Hasengoggerer

Monatelang beschäftigte den kaum Konfirmierten der Wunsch, zu einer eigenen kleinen Taubenzucht zu kommen. Wieso er gerade auf Tauben verfiel, konnte er nicht recht erklären. Vielleicht reizte ihn das Risiko, sie frei herumfliegen zu lassen und dennoch im eigenen Schlag zu halten.

Die alten Bauern des Heimatdorfes rümpften über die „Taubengoggerei" die Nase. „Wer sein Geld nicht kann lassen liegen, der kauft sich Tauben, dann sieht er's fliegen."

An seinem 15. Geburtstag erbat er von seiner Mutter die Erlaubnis, einen eigenen Schlag einrichten zu dürfen. Sie genehmigte ohne lange Diskussion: „Irgendeine Beschäftigung brauchen die Lauser ja, aber daß du mir nicht gleich ein paar Dutzend willst", schränkte sie ein. Scheinbar bescheiden schlug der Beschenkte als erstes Zuchtziel zwei Pärchen vor. Sie war einverstanden. Beim frischen Taubengoggerer spielte ein Hintergedanke mit: „Zwei Paar tun nebeneinander nicht gut, da kriegen die Täuberiche Streit, es müssen schon wenigstens drei Paare sein", hatte ein Erfahrener ihm erklärt.

Die Frühlingswochen waren nach Feierabend mit Arbeit ausgefüllt wie nie zuvor. Einen Taubenschlag auf dem Dachboden zu bauen — das ist keine Kleinigkeit. Vor allem dann, wenn man alles erst beschaffen muß, von Nägeln über die Bretter bis zur Dachpappe. Vorhanden war nur Werkzeug, und die bescheidene Fähigkeit, damit umzugehen.

Nach ein paar Wochen war das große Werk vollendet. Die Bretter hatte er aus den verschiedenen dörflichen Sägewerken in der Nähe zusammengetragen, die Nägel aus Abfall beim Gemeindezimmerer besorgt — und Stück für Stück zurechtgebogen. Stolz hatte er zum Schluß aus dem oberen Giebelfenster des Hauses ein Anflugbrett für die Tauben hinausgeschoben, in der Goggerersprache Gucke genannt. Eine besondere Zugvorrichtung ermöglichte es, sie vom Wohnzimmer aus — zwei Geschosse darunter — zu bedienen. Nun fehlten nur noch die Tauben.

Ein Teil des zur Konfirmation geschenkten Geldes diente als Startkapital. Beim ersten Handel fiel der Federviehhändler allerdings schrecklich herein. Es rächte sich, daß er in zwei junge „Kröpfer", wie der Fachmann sie nennt, allzu sehr vernarrt war. Sie konnten ihren Hals so voll Luft pumpen, daß man von Kopf und Schnabel kaum mehr etwas sah. Wie Pinguine stolzierten sie auf der Stange. Die und keine anderen wollte er haben. 25 Reichsmark blätterte er dafür hin. Für ihn war das viel Geld. Lange sperrte er sie ein, um sie an den Schlag zu gewöhnen. Nach ein paar Wochen stellte sich freilich heraus, daß ihm zwei Täuberiche verkauft worden waren.

Als er sich endlich getraute, sie freizulassen — für die ganze Familie ein aufregender Tag —, da flogen sie sofort auf Frauensuche. Einer der beiden kam mit einem jämmerlichen Fetzen zurück. Der andere blieb aus. Tagelang wurde das stolze Tier im Dorf gesucht. Bei den mühevollen Verhandlungen um die Herausgabe des Entflogenen fing der Vogelhändler an, manchen seiner Zeitgenossen, junge wie alte, von einer ganz neuen Seite kennenzulernen — und die ihn auch.

Schließlich besaß er zwei Taubenpaare. Aber das tat eben nicht gut. „Du mußt ein drittes Pärchen anschaffen", war die zwingende Erkenntnis der Mutter, als sie von einer längeren Beobachtung des munteren Treibens im Schlag zurückkam, die sie gelegentlich verstohlen vornahm. „Die beiden Täuberiche bringen sich noch um, wenn nicht ein Schiedsrichter dazukommt", meinte sie. Er habe kein Geld mehr, druckste der Sohn herum. Prompt genehmigte sie zehn Mark.

Jetzt gings erst richtig los. Erwartungsgemäß fingen sie bald an zu brüten. Es war ja Frühling. Neugierig beobachtete er, wie nach 18 Tagen die Eier der ersten Brut von innen angespitzt wurden und schließlich ein golden flaumiges Wesen im Nest lag, die Schale daneben.

Andere Taubenhalter mußte er besuchen. Eine rege Geschäftstätigkeit begann. Sonntag für Sonntag war er mit seinem Fahrrad unterwegs. Auf dem Gepäckträger hatte er eine selbstgezimmerte Kiste festgeschraubt. Bald wußte er im Umkreis von fast 20 km jedes Haus zu nennen, das Tauben barg. Er kaufte und verkaufte. Sorgfältig führte er sein kleines Geschäftstagebuch, um über Gewinn und Verlust sich Rechenschaft abzulegen.

Die Mutter hat es offenbar nicht ungern gesehen, daß ihr Ältester dieses Steckenpferd immer weiter ausbaute. Er machte ja auch ein wenig Geld damit. Und ihrem Ältesten tat es gut, ein Feld eigener Verantwortung zu haben, wo ihm niemand hineinredete. Eine große Voliere mußte er bauen. Nach einiger Zeit tat er auch Hühner und Hasen ein, für die er ebenfalls Ställe aufstellen mußte. Im städtischen Kleintierzuchtverein wurde er Mitglied und beschickte sogar ein paar Ausstellungen mit Chinchilla und Riesenschnekken, ein Ehrenpreis war die größte Trophäe. Hauptsache war freilich die Erzeugung von Fleisch für Küche und städtische Kunden. Sein Herz schlug für die Tauben.

Besonderen Spaß machte es ihm, im Lande herumzufahren. Dabei lernte er die unterschiedlichsten Menschen seiner Heimat kennen, lauter Originale. Und er lernte mit ihnen umzugehen, sich auf sie einzustellen, auch mit ihnen fertigzuwerden, zu einem Ergebnis zu finden, auf das er hinaus wollte.

Königliche Kaufleute waren die Taubegoggerer nicht gerade. Zu zahlreich sind die Unwägbarkeiten dieses Geschäftes: zu schwierig ist es, eindeutig zu erkennen, ob das Verkaufsobjekt Täubin oder Täuber ist; nicht immer führt das Maßnehmen zwischen den Flügelenden hinter den Ständern mit Zeigefinger und Mittelfinger zu einem verläßlichen Ergebnis. Nur wenige wissen, welche Zeichnung gerade der Züchtermode entspricht, welcher Farbschimmer der richtige ist — von der Preisgabe hervorstechender Charaktereigenschaften des einzelnen Tieres gar nicht zu reden. „Ähnlich geht es wahrscheinlich auch beim Pferdehandel zu", mußte er alleweil denken. Über Jahre hinweg war er beschäftigt. Wochenende für Wochenende.

Partnerschaftliche Erziehung hat die Mutter praktiziert, ohne davon zu reden. Und es ging gut, weil sie ihren Kindern etwas zugetraut hat.

Das Schneiden beginnt

Erst mit Beginn der Getreideernte ging es wirklich hoch her. Die Erwachsenen hatten soviel zu tun, daß gar mancher ächzte, nicht mehr zu wissen, wo ihm der Kopf stehe.

Zuerst reifte der Roggen. Er wurde auf fränkischen Sandböden gerne angebaut, denn da gedieh er prächtig.

Wenn die Sonne kräftig in die Kammer strahlte und der erste Nachbar mit dem Dengeln der Sensen und Sicheln begann, wußten auch die Kinder: jetzt ist es Zeit zum Aufstehen. Während sie sich an der ovalen emaillierten Brende wuschen, mit dem Handswellen trockneten und ein paar Schluck Malzkaffee tranken, hatte im ganzen Dorf ein vielstimmiges Konzert hämmernder Töne begonnen, die nahen laut und kräftig, die fernen leiser, je nach Temperament der Dengler und der Größe der Sensen sowie der Hämmer und der Dengelköpfe. Nichts klang in aller Herrgottsfrühe so schön wie diese Morgenmusik. Heiter, in höchsten Tönen, und flott hämmerten die einen, gemächlich, fast schon dumpf, klang der Schlag anderer. Immer wieder gab es nach ein paar Dutzend Schlägen Unterbrechungen. Die Schneide mußte geprüft werden, gelegentlich auch justiert. Wehe, wenn ein Schlag zu hart getroffen hatte, so daß das blattdünne Stahl der Sense eingerissen war. Die war erledigt.

Gabs viel zu ernten, gabs viel zu dengeln. Meist verwendete man die Sense nur noch zum Einmähen, um Platz für die Mähmaschinen zu schaffen. Kein einziger Halm durfte umkommen. Längst war die Maschine umgerüstet und das große Roggenablageblech angeschraubt.

Während das Dengelkonzert noch die Gehöfte und das Tal erfüllte, an Scheunen, Häusern und Wald sich vielfältig brechend, war es die Aufgabe des jungen Helfers, den hochbeinigen, etwas gackeligen, neuen Schleifstein betriebsfertig zu machen. Nagelneu war er noch. Seine Anschaffung war nötig geworden, als auch die Mähmaschine gekauft wurde. Denn die dreieckigen kleinen Messer, von denen gut zwei Dutzend nebeneinander auf eine dünne schmale Stahlleiste genietet waren, konnten nur mit einem entsprechend geformten Schleifstein geschärft werden. Wasser hatte der Helfer in die Wanne zu gießen und die kleinen Zahnräder zu ölen. Und dann mußte er drehen, während der Bauer den langen schweren eisernen Schneidebalken mit den vielen Zähnen darüberhielt

und Zahn um Zahn messerscharf schliff. Da merkte er wieder einmal, wie schwer die Arbeit der Karrusselfrau war, die zur Kirchweih an der Kurbel ihres Leierkastens gleich ein paar Tage lang drehte, drehte, drehte, um Musik zu machen. Ihm kam schon eine halbe Stunde wie die Ewigkeit vor. Wie lang mußten ihr erst die Tage geworden sein!

Aber wenigstens gab es bei ihr schöne Musik. Beim Schärfen des Messerbalkens kam nur ein Zischen zustande. Auch das Tick-Tick-Tick und das Tack-Tack-Tack der Dengler hörte sich, verglichen mit dem tonlosen Schleifen wie ein großes Konzert an.

Unter hellem Knarren und Knattern war die Mähmaschine aus dem Schuppen in den Hof gezogen worden und an den leichten Leiterwagen angehängt, auf dem alle Platz nahmen, die dabeizusein hatten, wenn das „Schneiden" begann. Endlich wurde eingespannt und losgefahren. „Wüa in Gottes Namen, hoffentlich hält das Wetter aus."

Ehe man mit dem Mähen anfing, nahm die ganze Familie am Ackerrain Aufstellung, jeder sprach ein stilles Gebet. Und nocheinmal: „In Gottes Namen." Dann begann das Ernten.

Vom Bänderbreiten

Von alleine ging die Getreideernte immer noch nicht, obwohl ein Ableger angeschafft worden war, ein aufregendes Fahrzeug, das unten wie eine Grasmähmaschine aussah und oben Drei Windmühlenflügel hatte, die sich in einem seltsamen Schwung um eine unsichtbare schiefe Achse hoben und senkten. Auf dem Roggenfeld konnte man mit dem Ableger nicht viel anfangen. Das Korn war offenbar zu hoch. Die Gerste aber reichte einem seinerzeit bloß bis an die Knie; da ließ sich der Ableger leicht einsetzen.

Sobald eingemäht war — das geschah meist noch von Hand —, fuhr der Ablegemäher vor. Es war eine Freude, zu sehen, wie Häuflein neben Häuflein, alle drei Meter eines, zu liegen kam. Wo man im vorigen

Jahr noch zu viert oder zu fünft mit der Sense gemäht hatte, an die ein hohes Wurfgitter festgeschraubt war, die Gockel, tats jetzt eine Maschine mit einem einzigen Mann. Fast schon ein Wunder!

Zwei Runden durften die Familienglieder und Helfer die Neuanschaffung bewundern und ihre Leistung. Dann freilich wurde die Bäuerin wieder sierig: „In der Ernt pressierts", mahnte sie und forderte auf, ihr zum nächsten Acker zu folgen, wo für morgen bereits eingemäht wurde.

Der Bauer und die Bäuerin waren stolz darauf, eine so große Anschaffung gemacht zu haben; schade war nur, daß sie nicht die ersten im Dorf waren, sondern die zweiten.

„Hoffentlich hält das Wetter aus", meinte der Bauer am Abend bei der Brotzeit, die man jetzt wieder zu Hause einnahm, nicht mehr wie früher auf dem Acker: man hatte ja eine neue Maschine und konnte die Arbeitszeit etwas kürzen. Um 6 Uhr war man wieder daheim und bereitete sich auf das Füttern vor. „Hoffentlich hält das Wetter aus", meinten alle miteinander. Denn viel lag auf den Äckern: der Weizen, der schon vor Tagen nach der Mahd eingebracht werden konnte, die Gerste, die etwas länger brauchte, damit sie sauber ausrostete, und gegen Ende auch der Hafer — der ließ sich freilich etwas Zeit, bis er völlig trocken war.

Das „Sammeln" war die große Schreckenszeit der Kinder. Da wurden sie gebraucht. Auf dem einrädrigen Schubkarren waren die Strohbänder antransportiert worden. Leicht war so ein Schober nicht, der sechzig einzelne Bänder enthielt. Nach Augenmaß wurden die Schober auf das Ackerfeld verteilt. Dort nahmen sie die Kinder auseinander, hängten ein Dutzend Bänder über den Arm und breiteten sie Stück um Stück, Zeile an Zeile, schnurgerade aus. Jeder Sammler hatte seinen Bänderbreiter. Und die beiden ihre eigene Zeile.

Am Abend wußte der Hans nicht mehr, wo ihm der Arm hing, so tat er weh: die Haut war aufgeschürft, angekratzt und eingeritzt von den dicken rauhen Strohbändern, die auch das Befeuchten nicht viel weicher gemacht hatte. Er hielt Ausschau nach einem anderen Amt. Und er hatte Glück: probeweise wurde nämlich zum erstenmal auch in schöne bunte Schnüre gesammelt. Die kosteten zwar etwas, ersparten aber das langwierige Bändermachen im Winter und ließen sich wiederholt verwenden. Künftig durfte er „Garbenstrickle" breiten — und am Ende sogar zubinden. Auf dieses Geschäft war er besonders stolz: binden war eine Arbeit für Erwachsene.

Die Schnüre bewährten sich. So kam die Bänderdrehmaschine außer Dienst. Ein paar Jahre stand sie noch herum, dann war sie plötzlich verschwunden: der Alteisenhändler hatte sie geholt. Ein wichtiges Stück Kindermühsal war mit ihr aus dem Dorf verschwunden.

Wochenmarkt in Ansbach

Streng wurde das Feiertagsgebot im ganzen Dorf gehalten. Daß das Vieh gefüttert werden mußte, verstand sich. Diese Arbeit blieb sowieso auf Stall und Misthaufen beschränkt. Aufs Feld, die Wiese oder den Acker wäre man an Sonn- und Feiertagen um keinen Preis gegangen. Die Schande wäre zu groß gewesen. Nur hin und wieder, wenns besonders hoch herging, wagten die Hausfrauen, am Sonntagfrüh, vor der Kirche, schnell noch ein bißchen Wäsche zu waschen. Freilich nur dann, wenn man werktags beim besten Willen keine Zeit fand. Fast verstohlen wurden die Stücke zwischen Schuppen und Scheune zum Trocknen aufgehängt.

Die einzige Arbeit, die im Herbst am Sonntagnachmittag erledigt wurde, war das Einbringen des Obstes. Das Blatten, wie man das sorgfältige Herabnehmen besonderer Apfelsorten nannte, nahm offensichtlich zu viel Zeit in Anspruch, um es werktags zu erledigen. Vielleicht rechnete man diese Form der landwirtschaftlichen Betätigung — durch den Obstbauverein war man überhaupt erst darauf gekommen, besondere Apfelsorten wie Goldrenetten anzupflanzen — zu den Steckenpferd-Beschäftigungen des Bauern. Stolz blieb man nach ein paar Stunden vor den großen gefüllten Körben stehen, in denen die goldenen oder die feuerroten Früchte, sauber sortiert, lagen, die dann am Dienstagmorgen in die Stadt auf den Markt gefahren wurden. Das war ein aufregender Tag für alle, die mitkommen durften.

Nur für die großen Bauern, die eine ganze Peint voll Obstbäume gepflanzt hatten, lohnte es sich mit dem Pferdegespann auf dem Weg zu machen. Die Kleineren brachten ihre Früchte auf den Schubkarren oder, wenn es noch weniger waren, im Huckelkorb, der Butte, zum Markt vor dem Ansbacher Schloß, vor dem Amtsgericht, der Gumbertus- oder der Johannis-

kirche. Jeder, der dort seine Waren feilhalten wollte, hatte einen festen Platz.

Kinder durften kaum mit zum Markt. Einmal wenigstens befriedigten Nachbarsleute die Neugierde des kleinen Hans und luden ihn, „weil er gar so fleißig geschafft hat", ein, mitzufahren. In aller Herrgottsfrühe, um 6.30 Uhr schon, fand er sich gestiefelt und gespornt ein. Eingewickelt in Decken hinter dem Bauern, der selbst das Pferdegespann lenkte, durfte er die mehr als einstündige Fahrt zur Stadt mitmachen. Vor der Gumbertuskirche wurde der Wagen aufgebaut. Sorgfältig reihte man Korb neben Korb, alle möglichen Sorten von Äpfeln und Birnen. Die Bäuerin hatte auch noch Eier und ein paar Schinken mitgenommen, vor allem aber selbstgemachte Butter.

Nebenan hatten die stolzen und als sehr wohlhabend geltenden Krautbauern ihren Verkaufsplatz aufgeschlagen. Eine riesige Sackwaage hatten sie auf ihren Wagen montiert. Bis obenhin strahlten die Krautköpfe, weiße und rote. Ein Stück weiter standen die Schäffler und erhofften gute Geschäfte der Bauern; denn manche eingenommene Mark blieb auf dem Platz, Fässer und Werkzeuge wurden gleich angeschafft.

Gegen 9 Uhr wurde der kleine Hans zum Metzger geschickt, um ein paar Knackwürste und ein Stück Gelbwurst zu holen, die mit großem Wohlbehagen verzehrt wurden. Vorher hatte man freilich noch einmal den Pferden aufgeschüttet. Damit auch die zu ihrem Recht kamen. Da tauchten die ersten Stadtdamen auf, um die Waren zu begutachten. Unheimlich kamen sie dem kleinen Dorfgast vor, wie sie daherstolzierten. Einige trugen merkwürdige Hüte und hatten sogar Handschuhe an, obwohl es doch gar nicht mehr kalt war. Alle paar Meter drehten sie sich um und gaben Anweisungen: hinter jeder stand nämlich ein junges Mädchen, das weniger vornehm angezogen war und die Taschen trug. Allmählich bekam er heraus, daß das solche waren, die vom Dorf in die Stadt in Stellung gegangen waren.

Eine von diesen Damen führte sich, wie er meinte, recht ungezogen auf: sie schritt nämlich von Stand zu Stand, holte umständlich ein kleines Probiermesser aus der Tasche und kostete von der aufgelegten Butter — ohne zu kaufen. Am liebsten hätte er ihr einen Streich gespielt. Aber es fiel ihm nichts ein. Weil er das nicht dauernd mit anschauen wollte, betrachtete er die schönen Schaufensteranlagen gegenüber, vor allem eines Spielwarengeschäftes und beim Buchhändler.

Gegen Mittag waren die Körbe leer, man ging dran, von den Pferden die Krippe wegzunehmen, die mitgebrachten Geräte zu verstauen und heimwärts zu fahren. Vorher kehrte man freilich in einem der Wirtshäuser am Ausgang der Stadt noch für eine Stunde ein. Der Wirt, ein großer starker Mann, der aus einem Nachbardorf stammte, erkundigte sich nach dem Erfolg des Marktes. Immer wieder langte die Bäuerin in ihre tiefe Tasche im Überrock, klimperte verstohlen ein wenig mit den Münzen, redete gut zu, sichs schmecken zu lassen und schaute ausnahmsweise etwas tiefer als sonst ins Glas.

Kaum etwas hatte der Hans an diesem Tag gearbeitet — und doch war er schrecklich müde, als er nach Hause kam. Ob man auch vom Nichtstun müde wird? Wahrscheinlich macht die Stadt müde, dachte er.

Dreschmaschine im Dorf

Es schien, als führe eine halbe Scheune daher. So empfanden die Kinder den Anblick der riesigen Dreschmaschine. Von weitem schon war der Koloß zu sehen. Hü- und Hottrufe ertönten. Je näher sie kam, um so knarrender, ächzender, krachender hörte sich der Lärm an, den die breiten, stählernen Reifen der Räder machten, die rücksichtslos zermalmten, was an Gestein sie unterkam.

Regelmäßig im frühen Oktober war sie dem Weiler zugeteilt. Die großen Bauern hatten sie schon im Juli ein paar Tage zum „Vordreschen" bekommen. Endlich rollte die ganze Einrichtung wieder daher: der riesige Dreschkasten voran, das Motorhäuschen hinterdrein und schließlich noch die Strohpresse. Wenigstens drei kräftige Gespanne waren nötig.

Wer als Kind nur laufen konnte, ob klein oder größer, fand sich ein, tanzte um die Maschine herum, und zog am Ende stolz, als wäre sie sein Eigentum, in den Hof mit ein, der als erster zum Dreschen dran war.

Heuer fings beim Gehring an. Seine Scheune, ein ehrwürdiger alter Stadel mit stolzem Fachwerkgiebel, war etwas niedrig, so daß die Maschine im Hof aufgestellt wurde. „Hoffentlich hält das Wetter aus", meinte der alte Bauer, und hob die Nase schnuppernd in die Luft.

Dicht an der Scheune wurde der gewaltige Dreschkasten aufgebaut. Im genau gemessenen Abstand davon das Motorhäuschen. Sorgfältig wurden die Fahrzeuge verankert. Immer wieder prüfte der Maschinenführer, der das Kommando hatte, die Spannung des langen breiten Treibriemens. An die vier Ecken schoben sie klobige Winden, unter die Räder breite Bohlen, damit Unebenheiten des Bodens ausgeglichen wurden. Vollkommen war das Ganze erst, wenn alles in der Waage war.

Das waren die stolzen Stunden des Maschinisten. Leichter ward die Arbeit für ihn, sobald er die Handsirene drehen konnte und so aus jedem Haus einen Helfer zum Dreschen rief. Sobald sein Stellvertreter, der Einlegmaschinist, auf der Leiter zum Dreschkasten hochstieg, ging es los.

Jeder hatte seinen festen Platz: die einen mußten die Garben aus der Scheunentenne werfen, die anderen sie mit Gabeln zum Dreschkasten heben. Wichtig war das Werk des Stangenreiters: er hatte die prallvollen Zwei-Zentner-Säcke zum Dachboden

hochzutragen. Manchmal mag er eine schlechte Ernte sich gewünscht haben.

Hinten, wo die Rüttelhölzer das leere Stroh auswarfen, gings besonders staubig her. Da war der Arbeitsplatz der Mädchen. Die übrige Jugend trug in großen Weidenkörben Siet und Gesot weg, das aus dem seitlichen Schüttelsieb herabfiel.

Gerne neckten sich Buben und Mädchen beim Dreschen. Die Erwachsenen merktens kaum. Denn das gleichmäßige kräftige Brummen des zitternden Kolosses übertönte jede menschliche Stimme. Es war noch im letzten Winkel des Dorfes zu hören.

Die Bäuerin indessen legte ihren Stolz darein, eine gute Brotzeit aufzutischen. Frisch gebackenes Brot, Butter, Käse, Bier und Rettich gab es, sobald die Schaffer in der Stube um die großen zusammengestellten Tische zum Vespern Platz genommen hatten.

Wehmütig waren die Kleinen gestimmt, wenn der Koloß und sein Gefolge nach vierzehn Tagen das Dorf verließen.

Kastanien, Nüsse, Kartoffeln

Lang waren die herbstlichen Tage, weil voller Abwechslung. Kunterbunt gingen die Beschäftigungen durcheinander. Die Kinder kamen kaum mit, soviel war los.

Wie die Alten ihre Vorräte anlegten, so auch schon die Kleinen: Ende September waren sie nicht mehr herauszubringen aus den Haselhecken; Nüsse sammelten sie um die Wette. Bis auf Weihnachten zu zehrten sie von den gehorteten Vorräten.

Mit Kastanien und Eicheln vertrieben sie sich die Zeit. Ihre Väter rauchten Pfeifen, sie bohrten die schönsten Stücke an, höhlten sie aus und standen schmauchend beisammen.

Schleudern wurden geschnitzt aus den gegabelten Ästen der Espen, und nicht wie früher mit Kieselsteinen geladen, sondern mit gerundeten und deshalb weniger gefährlichen Eicheln.

Wenn der Boden feucht war, konnte mans nicht lassen, am lehmigen Hang kleine Bälle zu kneten, sie auf lange Haselruten zu stecken und um die Wette an die nächstbeste Hauswand treffsicher schöne Muster zu schleudern. Der große Ärger nachher blieb selten aus. Da wars dann schon besser, die winzigen Süßmostäpfel oder die kleinen Holzbirnen, die unter dem einsamen riesigen Baum lagen, der den Ortseingang markierte, auf die Rute zu stecken und sich gegenseitig zum Ziel zu wählen.

Ausgefüllt wären so die Tage gewesen auch ohne allen Einsatz, den die Eltern erwarteten.

Große Aufregung gab es im Dorf, als die „Kartoffelferien", die man bis dahin hatte, dem Vernehmen nach gestrichen werden sollten. Der Lehrer der Dorfschule war einsichtig und behielt sie bei. Die Kinder freilich waren nicht erpicht, auf die Äcker mitgehen zu müssen, am Morgen zusammen mit den Eltern das sterbende Kraut herauszureißen, zu sammeln, anschließend mit der leichten Hacke oder der Kartoffelgabel die „Erdbirnen" auszugraben, sie an der Sonne trocknen zu lassen und dann Korb für Korb, Beet um Beet aufzulesen. Je kleiner die Kinder, je jünger und weniger ausdauernd, um so kleiner waren auch die Früchte, die zu sammeln man ihnen zumutete: die Kleinen mußten die kleinen Kartoffeln in die kleinen Körbchen bringen, die Großen erhielten große Körbe für die großen Früchte.

Und wenns auch noch so schwer fiel: die Buben drängten sich energisch und entschlossen dazu, die vollgeklaubten Körbe in Säcke zu leeren, aufstellen und zubinden zu dürfen. Jeder hatte sein Amt: der eine hielt den Sack, der andere trug und schüttete den Korb hinein. Der dritte band, nach allen Regeln der Kunst eine Bürste bildend, den schlanken Sack zu. Stolz verglich man die zwei oder drei Zeilen aufgestellter Kartoffelsäcke auf dem eigenen Acker mit denen des Nachbarn; schnurgerade und senkrecht hatten sie zu stehen, gleich hoch, auf den Meter genau im selben Abstand. Wer auf sich hielt, besorgte seine Arbeit akkurat.

Während am Waldrand sich die Nebel sammelten und die Sonne im Westen sich neigte, begann das Aufladen und das Einfahren. Und nach der Brotzeit, wenn die Temperatur schon anzuziehen begann, luden die, die nicht im Stall zu schaffen hatten, ab. Ein munteres Kullern erfüllte das ganze Dorf: Sack um Sack wurde auf die hölzerne Lattenrinne geschüttet, die zwischen Wagen und Kellerloch aufgebaut war. Die Keller hallten wider vom Lärm der Kinder, die drunten unter dem Gewölbe die „Erdbirnen" wegzuräumen hatten. Oft wußte man nicht, war es die Gereiztheit der Müden, die so viel Lärm verursachte oder

wars wirkliche Freude über die reichen Vorräte, die da angehäuft wurden. Mancher der Kleinen mag schon daran gedacht haben, daß im Frühjahr unangenehme Stunden auf ihn warteten, wenn er die Aufgabe gestellt bekam, dieselben Früchte, dann freilich verhutzelt, oft feucht, manchmal schon angefault, von den auswachsenden Keimen zu befreien. Kartoffelzupfen — das war ein lästiges Geschäft.

Barfuß in der Krautkufe

In arge Verlegenheit geriet der kleine Hans, als ihm zum erstenmal die Ehre zugedacht war, beim Krauteinmachen zu helfen. Auch diese Arbeit zählte zu den feierlichen Herbstgeschäften. Eingehende Vorbereitungen waren nötig. Als der Krautbauer durchs Dorf gefahren war, hatte man ihm wie üblich ein paar Zentner abgekauft.

Am Tag vor der großen Einmachaktion wurden sie in die niedrige Stube gebracht, „damit die Temperatur stimmt", hieß es. Der große Krauthobel, ein riesiges Brett, in dessen Mitte drei schräggestellte scharfe Messer festlagen und auf dem ein großer Kasten hin- und hergeschoben werden konnte, wurde mit heißem Wasser gewaschen. In die hohe Kufe wurden ein paar Eimer Wasser gegossen, einige große, glühend heiße Backsteine geworfen und das ganze mit dicken Tüchern abgedeckt, damit der Dampf drinnen blieb — Desinfektionsverfahren anno vierzig.

Als es dann soweit war, mußte der 10jährige seine Füße sauber waschen, um das Amt des Krauttramplers zu übernehmen. Sorgfältig legte man den Kufenboden mit breiten Krautblättern aus. Ein zweites Familienglied hatte von den Krautköpfen die angegilbten Blätter zu lösen und mit dem Krautbohrer, einem sich spitz verjüngenden, auf beiden Seiten messerscharfen Stech- und Schneidewerkzeug, das wie eine halbierte Kegelhülse aussah, den Kegel, auch Strunk genannt, herauszustechen. Ein dritter erledigte das Hobeln. Dieses Amt galt als besonders verantwortungsvoll: je länger und feiner die Fäden gerieten, um so günstiger waren die Aussichten auf gutes Sauerkraut. Dem kleinen Hans aber war aufgetragen, mit blanken Füßen das Gehobelte in der Kufe festzutreten. Er hatte erhebliche Zweifel, ob das denn wirklich schicklich sei, wo man sonst doch immer so sehr auf Reinlichkeit achtete, vor allem aber hatte er große Mühe. Denn jede eingelegte Schicht mußte so lange getrampelt werden, bis sich Saft bildete. Erst wenn es richtig in der Kufe schmatzte, kam die nächste Lage. Zwar hatte man auch einen hölzernen Krautstampfer, doch den verwendete man nicht gerne: da würden die Fäden auseinandergerissen werden, gebrochen und verkürzt. Es schmecke dann nicht mehr so gut, meinte man.

Das mühselige Geschäft nahm gut einen halben Tag in Anspruch. Zusätzliche Beschwer bereitete dem Krauttreter, daß er meist mit gekrümmtem Rücken arbeiten mußte: unter der Bodenstiege oder dicht unter

dem Kellergewölbe. Dort nämlich war die riesige Kufe abgestellt.

Zum Abschluß legte man angefeuchtete Leintücher und die dazugehörigen Deckbretter drüber und beschwerte das ganze mit zwei oder drei gewaltigen Steinen.

Fast unmerklich hatte es die Hausfrau geschafft, das richtige Quantum Salz und sonstige Gewürze, die ihr Küchengeheimnis blieben, mit ins Faß zu streuen. Davon machte sie kein Aufhebens: was und wieviel sie hineintat, das war ihr Hausrezept.

Erwartungsvoll sah man dem Tag entgegen, wenn zur ersten Metzelsuppe das Faß geöffnet wurde und das erste frische Kraut in der Schüssel dampfte. Da ließ sichs auch der kleine Hans schmecken und seine Bedenken wegen der Füße fallen.

Steinklopfer

„Machst halt einen Steinklopfer", war die feste Redewendung, mit der man mangelnden Lerneifer rügte.

Als im Dorf eine Brücke erneuert werden mußte, ließen sich diese abschreckenden Figuren blicken. Die erste Steinschicht, die über die Wölbung zu legen war, durfte nicht von Unkundigen aufgebracht werden. Dazu waren Steinklopfer notwendig. Mit verwegener Geschwindigkeit schwangen sie ihr langstieliges, doppelköpfiges Hämmerchen auf und ab, stundenlang. Ihre Gesichter waren tiefbraun, voller Falten und Adern.

Die Innenseite ihrer linken Hand war mit einem „Schoner" geschützt, den sie sich aus abgefahrenen Fahrradreifen zurechtschnitten. Bei jedem Schlag spreiselten Steinstücke in der gewünschten Größe und Form vom großen Brocken. Mit verwirrender Behendigkeit ordneten sie die einzelnen spitzen Trümmer aneinander, so daß sogar schöne Muster entstanden. Offenbar war ihr Ehrgeiz, es den Pflasterern gleichzutun. Der Haufen, neben dem sie stundenlang saßen und Stein für Stein wegräumten, wurde immer kleiner.

Es fiel auf, daß sie nie als Einzelne auftraten, sondern stets als kleine Gruppe. Woher sie kamen, wohin sie wieder verschwanden — nie haben es die Dorfkinder ergründet. So wenig, wie sie den Sinn ihres Tuns wirklich kapierten. Denn: Steine zerkleinern, das muß doch eigentlich jeder fertigbringen. Aber nicht jeder schaffte es. Dazu gehörten besondere Übung, spezielles Können, und: außerordentliche Zähigkeit.

Eine wichtige Rolle spielten sie bei den Tiefbau-Unternehmungen. Es gab Straßenstrecken, die besonders fest gegründet werden mußten. Das hatte fachmännischer zu geschehen, als die Befestigung des ohnehin jedes Jahr recht ausgewaschenen Ortsverbindungsweges.

Teerstraßen gabs seinerzeit kaum. Selbst die Reichsstraße, die nach München führte, erhielt erst kurz vor dem Krieg eine schwarze Decke.

Als diese darübergelegt wurde, hielt eine riesige Kolonne mit viel technischem Gerät, voran die große Straßenwalze, Einzug. Auch Steinklopfer waren dabei. Sie mußten auch da die wichtige erste Schicht legen. Offensichtlich traute man damals den Kalk- und Sandsteinen, vor allem aber den großen Basaltbrokken, mehr zu als Sand und Kies. Die kleinen und großen Steinsplitter mußten sach- und fachgerecht einander zugeordnet werden. Große Zeit der Steinklopfer — zugleich ihre Abschiedsvorstellung! Nach

dem Krieg tauchten sie nie wieder auf. Er hat sie weggeschwemmt, wie so vieles.

Die Redensart aber blieb. Und auch der Begriff „Steinklopferarbeit".

In der mütterlichen Unmutsbekundung „Machst halt einen Steinklopfer" schwang beides mit: der Hinweis darauf, man könne es versäumen, sich rechtzeitig und auch mühevoll in die Gemeinschaft einzuordnen; Steinklopfer jedenfalls galten als deklassierte Außenseiter. Zugleich war es die Drohung, es könne einem ein Leben voller Mühe und Plage bevorstehen; Steinklopfer waren Leute, die, Wind und Wetter ausgeliefert, sich entsetzlich schinden mußten.

Wo Zähigkeit, Ausdauer und strenge Geschicklichkeit abverlangt wurde: auch da waren einst Steinklopfer gefragt.

Scherenschleifer und Pfannenflicker

Waren Kinder nicht ordentlich angezogen, dann gab es fein abgestufte Bilder, den Grad der Schlamperei zu beschreiben. Hatte der Bub etwa die Hosenträger verschränkt oder die Strümpfe nicht richtig hochgezogen, vielleicht gar die Schnürsenkel nicht korrekt geknüpft, dann lief er herum „wie ein Aufgehängter". Etwas milder fiel das Urteil aus, wenn Jacke und Hemd nicht recht zusammenpaßten: Dann war er — auch noch schlimm genug — zusammengerichtet „wie ein Pfannenflicker". War einem das Mißgeschick passiert, linken und rechten Schuh zu verwechseln, was sich zwangsläufig an der Gangart bemerkbar machte, dann hieß es, „er schiebt daher wie ein Scherenschleifer".

Scherenschleifer und Pfannenflicker gehören zu den seltsamen Figuren, die in den frühen Jahren vor dem großen Krieg auf der allermeist leeren Bühne des dörflichen Lebens regelmäßig auftraten — und zum letztenmal.

Zweimal im Jahr, stets im gleichen Monat, kündigte sich der Scherenschleifer an. Die Frauen rechneten bereits mit ihm.

Ein langes Eisenstück hing an der Karre, die er vor sich herschob, und auf dieses schlug er mehr oder weniger rhythmisch ein, so daß es klingende Töne von sich gab. Dazu rief er, ständig am Rande der Heiserkeit, würdig von sich in der dritten Person sprechend: „Der Scherenschleifer ist da, der Scherenschleifer ist da".

Sehr groß schien das Investitionskapital nicht, das er zur Gründung einer selbständigen Existenz benötigt hatte: Ein aus Latten und Leisten gezimmerter Holzbock, der wippend auf einem gummibereiften Rade dahingeschoben wurde, halb Handwägelchen und halb Schubkarren — so originell wie sein Herr. Im oberen Gerüstteil hingen die Werkzeuge: Schraubenzieher unterschiedlicher Größe, ein paar Feilen, Zangen und Hämmer. Und viele, viele Scheren, große, kleine, lange, schmale, spitze und runde. Mußte der reich sein! Daheim gab's nur zwei — und die hütete die Mutter wie ein Heiligtum.

Einen Tag brauchte er etwa, bis er die Schneidewerkzeuge, die in den Haushaltungen herumlagen, wieder geschärft und die Schneiden der Scheren bündig aneinandergelegt hatte.

„Der Scherenschleifer muß gute, feste Beine haben", dachte sein junger Beobachter, als er wahrnahm, wie er sein Gewerbe auf dem einen Bein stehend, mit dem anderen das Rad tretend, verrichtete, „beim Pfannenflicker ist das, scheints, anders, der sitzt auf einem kleinen Schemel, das muß bequemer sein". Warum den Kindern immer vorgehalten wurde, sie liefen herum wie die Pfannenflicker, sobald sie einmal nicht anständig angezogen waren, hing offenbar damit zusammen, daß bei dem kein Stück zum anderen paßte. Denn so war es beim Pfannenflicker: Er wirkte bunt wie ein Papagei und fremd wie ein Zauberer. Schüsseln und Pfannen, Tiegel, Näpfe, Töpfe und Dosen, sogar ein paar Brenten, ovale oder runde Waschwännchen, schleifte er mit sich herum, aus Kupfer, emailliert, aus schlichtem Blech, mitunter auch aus Aluminium; vorne und nach hinten, rechts und links hingen sie von seinen Schultern. Ein buntes Bild. Unterm Arm schleppte er die Werkzeugtasche.

Er hatte seinen festen Platz, mitten im Dorf, unter einem Scheunendach, das etwas hervorkragte, so daß er vor Wind und Wetter geschützt war. Im Gegensatz zum Scherenschleifer machte er sich stiller ans Werk. Sein Tun war geheimnisvoll genug, um die Neugierde der Dorfbewohner auch ohne Getöse auf sich zu ziehen. Umständlich wedelnd breitete er ein Tuch aus, auf dem er die einzelnen Werkzeuge aufbaute: Den Lötkolben, Blei und Zinn, Salze und Wässerchen, Essenzen, die einen beißenden Geruch verbreiteten und die, wurden sie vermischt, zu schäumen und zu brodeln anfingen — wirklich ein Zauberer. Der erste dramatische Höhepunkt war erreicht, sobald der Spirituskocher brannte. Am Pfannenflicker war ein Schauspieler verlorengegangen, denn je neugieriger sie sich ihm näherten, je intensiver die Kinder untereinander berieten, was da wohl vor sich ginge — die einen wissend und kundig sich gebend, die anderen lusend und lauernd —, um so wichtiger werkelte er, um so ausholender waren seine Gesten und um so sichtbarer dachte er nach, griff sich an die Stirn, spitzte den Mund, schnitt Grimassen. Er verstand sein Handwerk, er verstand vor allem, sich wichtig zu nehmen, so daß er auch wichtig genommen wurde.

Mancher Topf, der in der Küche und auf dem Frühstückstisch stand, erhielt im Laufe der Jahre ein immer bunteres Aussehen. Denn alljährlich besserte der Pfannenflicker daran herum, alljährlich waren die Chemikalien, die er verwandte, offenbar ein wenig anders zusammengesetzt. Und die Farben, mit denen er darüberstrich, auch.

Beim alten Büttner

Der zweite Kriegswinter geriet ganz außergewöhnlich lang: eine Kälte zog durchs Land wie man sie sich in Sibirien, am Nord- und am Südpol vorstellte, aber nicht in Franken. Die Regierung war darauf offensichtlich nicht vorbereitet. Von Kohlenmangel war die Rede — und auch vom Kohlenklau. Auf dem Dorf wußte man damit nicht viel anzufangen. Die paar Briketts, die verschürt wurden, hatte man vorsorglich bereits im Herbst angeschafft.

Aber daß wochenlang die Schule ausfiel, das empfanden die Kinder sehr angenehm. Der kleine Hans durfte diese Zeit dazu nutzen, seine Tante zu besuchen und dort sich ein wenig umzuschauen. Gerne ging er zum benachbarten Büttner. Als der sich anschickte, ein großes Odelfaß zu bauen, war er aus der Werkstatt, in der es so heimelig nach Eschenholz roch, nicht mehr herauszubringen. Der alte Meister sah das gern. Er schien froh darüber, jemand gefunden zu haben, der ihm aufmerksam zuhörte. Ein wenig wunderlich war er schon, der alte Büttner. Ständig hatte er Schwierigkeiten, seine Augengläser auf der Nase zu behalten. Einmal stellte er schier die ganze Werkstatt auf den Kopf. „Was ihm heute nur fehlt", fragte sich der zur Tatenlosigkeit verurteilte kleine Gehilfe. Zögernd faßte er sich ein Herz, zu fragen. „Die Brille, Hans, die Brille." „Die habt Ihr auf der Stirn", kam der junge Gast zur Hilfe.

Die Arbeit konnte fortgesetzt werden. Der Stift, der oft mehr im Wege stand, als er hilfreich war, reichte die Werkzeuge zu, die der Meister verlangte — und

lernte so eine Menge neuer Geräte kennen. Noch nie hatte er einen Geradmesser, einen Spezialschaber, die Reißplatte, den Faßzirkel oder ein Krummesser und ein Ausputzmesser gesehen.

Nachgerade rätselhaft kam es ihm vor, wie die langen schmalen Bretter zugeschnitten wurden, um dem Faß ein bauchiges Aussehen zu geben.

Ein solches Werk konnte man nur noch mit dem Bau eines großen Wagenrads vergleichen, wie es der Stellmacher schuf. Demgegenüber erschienen die kleinen Bütten und Schäffer, die in der Faßbinderwerkstatt entstanden, wie harmlose Spielereien.

Gut eine Woche war der alte Schäffler damit beschäftigt, sein großes Faß zu binden.

Gern hätte sein Helfer noch miterlebt, wie es auf den großen neuen Wagen gelegt wurde, der schon in der Scheune stand. Beides gehörte zur Mitgift eines Bauernsohnes, der in einen anderen Hof einheiratete. Aber da begann die Schule wieder.

Besenbinder

Den Besenbindern und Korbmachern, die in die Bauernhäuser kamen, fühlte man sich näher, als dem fahrenden Volk. Zu ihnen hatte man ein weniger abständiges Verhältnis. Sie erschienen einem nicht so obskur; nichts Dunkles und nichts Geheimnisvolles haftete ihnen in den Vorstellungen der Dorfbevölkerung an. Es lag daran, daß sie Zutritt zur Familie hatten; denn sie verrichteten ihre Arbeit ja in der großen Stube der alten Bauernhäuser.

Gleich mehrere Tage war der Besenbinder beschäftigt. Und da war er die beherrschende Figur in der weiträumigen, niedrigen Stube mit den kleinen Fenstern, die im Winter zugleich Werkstatt war. Er saß auf einem Melkstuhl vor einem schweren, dicken Strick, der von der Decke herunterhing, und in den die eingeweichten, zugeschnittenen Weiden- und Birkenreißer eingespannt wurden. Viel Werkzeug hatte er nicht bei sich. Ein sehr scharfes, ungewöhnlich geformtes Messer, einen kleinen Wetzstein, Hammer und Nägel, eine Rolle Draht und eine Nohle, einen spitzen Stahlstift mit großem runden Griff, der sich in die hohle Hand schmiegte und dazu diente, das weiche Holz und die Reißer zu durchlöchern.

Die erwachsenen Familienangehörigen betätigten sich als Handlanger: Stiele mußten sie schnitzen, die Birkenreiser zurichten, die Weiden sortieren und weichklopfen, das eine oder andere Stück spalten.

Seit langem hatte man mit seinem Auftritt gerechnet. Schon im Spätherbst waren mancherlei Vorbereitungen getroffen worden. Eine der abwechslungsreichsten Beschäftigungen war das Reisigschneiden. Damit die Besenreiser die Feuchtigkeit behielten und schön geschmeidig blieben, war ein hoher Haufen Laub darübergercht worden. Versteht sich, daß dabei die Kinder wieder eine für sie passende Aufgabe fanden.

Sobald der Besuch des Besenbinders feststand, wurde das Reisig vorbereitet. Jedes einzelne Stück wurde sorgfältig gerichtet und wie eine Kordel gedreht. Der Länge nach sortierte man sie. Die kurzen Stücke legte der Besenbinder innen an, die längeren nach außen.

Wehe, wenn die Weiden nichts getaugt hätten! Ihre Zurichtung nahm ziemlich viel Zeit in Anspruch: zunächst waren sie zu spalten und dann mußte aus jeder halbierten Rute das Mark herausgeschabt werden. Das konnte Wochen vorher schon geschehen. Eingeweicht wurden sie erst kurz vor Beginn der Arbeiten.

Die Stielbesen wurden zwar von den Kindern als besonders elegant empfunden, sie hatten aber etwas Bedrohliches an sich: wehe, wenn man nicht parierte! Dann waren sie geeignete Werkzeuge, um dem väterlichen Drohwort Nachdruck zu verschaffen: „Wart, ich helf dir." Das hörte sich zwar liebenswürdig an, war aber nichts anderes als eine letzte Verwarnung, gelegentlich auch die unwiderrufliche Ankündigung einer Tracht Prügel. Der Besenstiel eignete sich dazu bestens.

Zwischendrin erzählte der Besenmacher zur Unterhaltung interessante Geschichten. „Der hat das Deklamieren los wie kein anderer", hieß es vom Schäfers Karl. Hingerissen hörte man seinen Geschichten und Gedichten zu. Er galt darüber hinaus als einer von jenen, die weit über die Grenzen des Dorfes geschaut hatten. Ein Stück ferner Welt in der Enge der Stube.

Korbmacher

Das Handwerk des Korbmachers erschien besonders anspruchsvoll: er brachte mehr Werkzeuge mit, blieb länger, machte auch ein wenig mehr Wesens von sich und seinen Erzeugnissen. Wie die freilich entstanden, grenzte für die Kleinen fast schon ans Wunderbare.

Überm Knie des Korbmachers lag ein dunkles Lederstück; bei gekrümmtem Rücken schälte und schabte er die Weiden, schnitt sie auf gleiche Länge und fügte sie aneinander, stach und schob und zog, spitzte, schlitzte und ritzte. Stundenlang ging es so zu, bis sich ein ganzer Stapel von Sternen im Laufe des Tages türmte, die Böden der Körbe. Kleine und große Gefäße entstanden so, mit Henkeln und Haltern; Wannen und Wännchen wurden gebunden, Vorrat für viele Jahre.

Mitunter, wenn auch recht selten, geschah es, daß in dem einen oder anderen Haus noch große Kretzen gebaut wurden. Sie dienten zu den schweren Arbeiten auf dem Hof, zum Streutragen, Futtereingeben, Krauttransport.

Die hohen, runden, fast huckekorbartigen Behältnisse brauchten vor allem ein stabiles Gerüst. Dazu wurden junge dünne Eichenruten verwendet. Im Backofen wurden sie getrocknet. Die Rinde durften die Kinder herunterschaben, gerne nahmen sie dazu ein Stück Fensterglas, dessen scharfen Kanten besonders gut anpackten. Das junge faserige Eichenholz wurde kräftig eingefeuchtet und um ein Faß geschlagen. Gut eine Woche trocknete es dort und bekam so seine endgültige, unabänderliche Form.

Oben und unten gab ein solcher runder Eichenring der Kretze den Halt. Gespaltene, möglichst breite und starke Weidenruten wurden eingezwängt und dann der Korb in der gewünschten Rundung mit dünnerem Material ausgeflochten. Oben und unten ragten die Weidenreste heraus. An den Enden zusammengebunden, nahm sich das Gebilde nun wie eine ovale Tonne aus, ohne Boden, wie es schien, und ohne Öffnung. Doch schließlich schnitt man weg, was nicht zum Boden gehörte und gab dem Ganzen seine endgültige Form.

So trug man die Kretzen auf den Boden und hängte sie auf. Monatelang blieben sie droben. Kurz vor der Heuernte holte man sie herunter.

So jedenfalls bliebs dem jungen Beobachter in Erinnerung. Obs ganz so war — er bezweifelt es fast.

Daß Besenbinder und Korbmacher sich nicht dem wandernden Volk der Scherenschleifer und Steinklopfer zurechneten, bekundeten sie auch durch ihre Kleidung. Sie war bäuerlich: eine schwarze Manchesterhose trugen sie, einen leinenen Kittel und darüber eine blaue Arbeitsschürze, das Werktagsgewand der Bauern.

Pfarrer Bomhard

Die prominenteste Figur auf dem Dorf von einst war der Pfarrer. Sein Wort hatte unbedingte Geltung. Sein Verhalten setzte Maßstäbe. Besonders groß war sein Einfluß in den Außenorten der Pfarrei, geringer im Kirchdorf selbst.

Zur Taufe des kleinen Hans war der Pfarrer ins Haus gekommen; bei meterhohem Märzenschnee hatte ihm der Weg freigeschaufelt werden müssen, um das offenbar recht schwache Kind der Mutter mit dem Segen zu versehen.

Ein paarmal hatte die Mutter im Pfarrhaus zu tun. Als ihr Bub gehen konnte, setzte sie ihn in das kleine Körbchen, das an ihrem Fahrrad angebracht war und nahm ihn mit. Ins Pfarrhaus kam der Kleine gern, denn dort erhielt er von dem gewaltigen Mann mit der lauten Stimme und dem grauen Bart stets eine Tafel Schokolade. Außerdem war alles so vornehm, anziehend und fremd zugleich. Viele Bücher gab es, Blumen und schöne dunkle Stühle um den großen Tisch herum, auf dem eine schwere Stoffdecke lag. Zum vollen Bart des Pfarrers paßte auch der schöne Name, den er trug: Karl Bomhard hieß er. Er hörte sich so gravitätisch an, wie der Mann dem Kleinen vorkam.

So oft der Bub daheim in der Wohnstube das Bild betrachtete, das an der Wand hing, neben der dunklen, schmalen Pendeluhr, dem Regulator, mußte er an den Pfarrer denken. Das Bild zeigte einen strammen spitzbärtigen Mann unter einem Baume stehend, neben ihm ein ehrfürchtig aufblickender junger Herr, wohl sein Sohn. Die Bildunterschrift: „Wenn du noch einen Vater hast, so halte ihn in Ehren ..." Daß das Bild ein billiger Druck war, interessierte keinen. Daß es eine Atmosphäre der Geborgenheit verbreitete, die der Kleine mit seinem Pfarrer und der Kirche in Zusammenhang brachte, war wichtig. Früh starb der ehrwürdige Herr; die ganze Gemeinde zog am offenen Sarg vorüber, es war die erste Beerdigung, die der kleine Hans erlebte.

Pfarrer Lederer

Von dem Pfarrer, der anschließend aufzog, hält sich bei einigen Leuten hartnäckig das Gerücht, er habe darauf bestanden, daß die Schulkinder, deren Weg am Pfarrhaus vorbeiführte, an der Pfarrhausecke die Mütze vom Kopf nahmen, aufmerksam ihre Blicke dem stummen Gemäuer zuwandten, und erst nach grußähnlichem Gedenken ihre Kappe wieder aufsetzten. Die Begründung für dieses selbstbewußte Verlangen: es könnte ja sein, daß der Pfarrer hinter den geschlossenen Gardinen stünde. Wie ers verlangte, so geschahs. Sein Wort war Gebot.

Vom Tag der Schuleinführung an nahmen die Kinder an allen Gottesdiensten teil, die stattfanden. Vorher hatten sie ihre Mütter gelegentlich zur Kirche begleitet. Da durften sie auch auf der Frauenbank sitzen. Jetzt mußten sie den eigens dafür reservierten Platz einnehmen. Als Erstkläßler hatten sie dort zu sitzen, wo in klösterlichen Kirchen die Mönche ihre Plätze haben: im Chorraum, unmittelbar am Altar, wahrscheinlich deshalb, weil sie so besser unter der Kontrolle der Blicke der Gemeinde waren.

Welches gütige Geschick den jungen Hans in die besondere Gunst des Pfarrers brachte, ist nicht auszumachen. Kaum kannte er das Alphabet, wurde er mit einem Levitenamt betraut: er hatte die Aufzeichnungen darüber zu führen, welche seiner Altersgenossen den Sonntagsgottesdienst besuchten. Wer da war, wurde in der folgenden Religionsstunde mit einem hübschen Bildchen ausgezeichnet. So überstand er, beflissen die Namen der jugendlichen Gottesdienstteilnehmer in sein Notizbuch malend, die meist ziemlich lange Dauer der Sonntagspredigt.

Zwei Dinge blieben trotzdem von den frühen Predigten hängen: Der Pfarrer sprach ungewöhnlich viel von der „heiligen" Kirche und vom Kirchenvater Augustin. Unter einer heiligen Kirche konnte sich der ABC-Schütze nichts rechtes vorstellen, kühl wie der Tempel war. Und beim Namen Augustin mußte er immer an ein Wirtshauslied denken, das mit ehrwürdigen kirchlichen Vorgängen kaum etwas zu tun haben konnte.

Der Pfarrer indes schien mit der Amtsführung seines Helfers sehr zufrieden. In seiner Mutter weckte er hinsichtlich der geistlichen Zukunft ihres Sohnes große Erwartungen. Dabei ließ er — auch hier seine Überlegenheit geheimnisvoll beweisend — offen, ob es sich um eine prophetische Vorhersage oder um eine freundliche Aufforderung handelte, als er erklärte: „Meine Tochter, ihr Sohn sollte Pfarrer werden."

In der ganzen Gemeinde galt dieser Pfarrer als außerordentlich gescheit und klug. Er war es wohl auch. Die Leute sagten ihm nach, er habe ein „gespaltenes Gehirn": Denn wortreich, ohne jede Unterbrechung, ohne jede Notiz, zu predigen und zugleich die genaue Zahl der Gottesdienstbesucher zu ermitteln — dazu brauchte einer zwei selbständig denkende Hirnhälften.

Der Geheimnisumwitterte ließ das Rätsel auf sich beruhen. Er sah es gerne, wenn man ihm nicht nur mit Ehrfurcht, sondern auch mit Zittern begegnete. Die Kinder versteckten sich hinter den Scheunen, wenn er gerade zur Stallzeit seine Wanderung durch die Weiler antrat, aufrecht, hoch erhobenen Hauptes dahinschreitend. Der kurze Hals ließ den schweren

Schädel noch mehr auf die Brust drücken und den Rücken noch gewölbter hervortreten. Auf der linken Wange hatte sich unter dem Auge eine kräftige Warze entwickelt, die zusammen mit den schwarzen Lidern und den hängenden Tränensäcken dem Kopf ein unvergeßlich adeliges Aussehen gab — und so das Gerücht aristokratischer Abkunft nährte.

Missionar Edel

Der Pfarrer, der dann ins Dorf kam, rauchte Zigaretten. Das vertrug sich mit der damaligen Vorstellung von diesem Berufe nicht recht. Zigarren zu rauchen hingegen galt als Ausdruck männlicher Gelassenheit!

Im Kriege war er als Militärgeistlicher eingesetzt. Er war nur selten zu sehen.

Seinen Dienst versah während der schweren Jahre ein Pfarrverweser, Wilhelm Edel, der vom Bauernknecht zum Missionar für die Wilden in Neuguinea ausgebildet worden war. Er ließ viel auswendig lernen· Vor allem zur Konfirmation, auf die man zwei Jahre lang vorbereitet wurde, zuerst als Präparand, dann als Konfirmand.

Seine Auffassung, daß Mädchen keine Hosen tragen dürfen, forderte den kritischen Widerspruch zumindest eines Schülers heraus — und löste damit auch manche Fragen nach der Verbindlichkeit biblischer Aussagen aus. Offensichtlich enthielt auch die Bibel recht zeitgebundene Meinungen. Dies war jedenfalls das Ergebnis eines heftigen Schuldiskurses, als der Missionar eine Konfirmandin aufforderte, das 5. Buch Mose aufzuschlagen und dort den 5. Vers aus dem 22. Kapitel vorzulesen: „Ein Weib soll nicht Mannsgewand tragen, und ein Mann nicht Weiberkleider antun, denn wer solches tut, der ist dem Herrn ein Greuel." Mit diesem Wort kritisierte er die damals bei den Mädchen beliebte Mode, im Winter Überfallhosen oder, wenns Geld dazu nicht reichte, schlichte dunkle Trainingshosen anzuziehen. Vergeblich nahm der Pfarrer die Bibel zu Hilfe. Nur das eine hatte er erreicht: bei den Kindern wie in den Elternhäusern wurde das Für und Wider der Männerkleider für Mädchen heftig erwogen. Schön waren die dunkelblauen Drillichsäcke im übrigen nicht. Sie hingen an den Mädchen herunter wie Windfahnen, wenn sich kein Lüftlein regt.

Ein gutes hatte die heftige Meinungsverschiedenheit mit dem Konfirmator: Ungewollt brachte er theologisch-kritisches Denken in Gang. Und das bei einem Thema, wo nicht gleich der ganze Glaube in die Brüche ging.

Der Ernst, mit dem der Konfirmator die ihm Anvertrauten auf die Einsegnung zuführte, gegen Ende des Unterrichts Stunde um Stunde die Aussagen steigernd, aus eigenem Erleben berichtend, mahnend und ermutigend, machte diese Wochen, die ohne viel zusätzliches Erleben waren, zu einer reichen Zeit. Manchen war an diesem Tage, nach dem Empfang des heiligen Abendmahles, zumute wie jenem Dorfbewohner, der nur noch den Wunsch hatte, sterben zu dürfen. Denn: „So rein werde ich Gott nie mehr begegnen." Auch wenn sich diese Worte nicht einstellten, hat der Hans so empfunden.

Panne beim Tee im Hause Weidt

Bald nach dem Krieg zog in der Gemeinde ein neuer Pfarrer auf. Als einfacher Soldat hatte Georg Weidt die schweren Jahre an der Front mitgemacht. Viele Erlebnisse, die er in der Christenlehre am Sonntagnachmittag erzählte, handelten vom Kirchenkampf. Als junger Vikar war er aushilfsweise von Franken nach Thüringen geschickt worden. Daß er trotz seiner 35 Jahre schon schlohweiße Haare hatte, führte die Dorfmeinung auf seine bitteren Erfahrungen in seiner Vikarszeit und auf Kriegserlebnisse zurück. Er war sehr beliebt, weil er unter die Leute ging; auffallende Allüren hatte er nicht, außer der Eigentümlichkeit, daß er beim Singen vor Gemeinde oder Schulklasse sein Gesangbuch mit beiden Händen auf Brusthöhe festhielt, den Blick himmelan schickte, von einem Bein aufs andere trat und den ganzen Körper hin- und herpendeln ließ. Vor allem hatte er viel Gemüt. Das zeigte sich, als er in der letzten Christenlehrstunde lyrische Gedichte über die Liebe vorlas und sorgfältige Partnerwahl empfahl. Dabei zitierte er auch Schillers „es prüfe, wer sich ewig bindet ...". Daß seine Gottesdienste auch gelegentlich von Herrschaften aus der Stadt besucht wurden, erhöhte sein Ansehen. Die Anerkennung, die er fand, reichte weit über das Dorf hinaus.

Eines Tages lud er den einzigen jungen Mann seiner Gemeinde, der auf eine weiterführende Schule ging, im Anschluß an eine der Jugendstunden, bei denen er seinen Schützlingen — auch das eine Neuerung — das Schachspiel beibrachte, „zum Kaffee am nächsten

Donnerstag" ein. Sein Gast hatte um diese Zeit seinen 16. Geburtstag. Ob der Pfarrer daran gedacht hatte? Der Eingeladene wußte jedenfalls nicht wie ihm geschah. Was der Pfarrer nur vorhat? Was der von ihm wolle?

Noch mehr als die Ehre der Einladung beschäftigte ihn die Sorge, alles richtig zu machen. Die nahende Kaffeestunde bei Herrn und Frau Pfarrer war fast aufregender als drei Jahre vorher die Konfirmation, denn da war man wenigstens nicht allein, sondern unter seinesgleichen.

Im Dorf war es üblich, das Tun und Treiben der Pfarrersfamilie besonders aufmerksam — als beispielgebend oder als kritisierenswert — zu verfolgen. So hatte man natürlich längst herausbekommen, daß die Pfarrersleute am Nachmittag nicht Kaffee tranken, wie es sonst die Besseren hielten, sondern Tee, noch dazu ostfriesischen Tee, mit Kandiszucker. Die junge blonde Pfarrfrau stammte nämlich aus dem hohen Norden.

Der zu seiner Überraschung eingeladene Gast hatte noch nie echten nordischen Tee getrunken, sondern nur, um im Sommer den Durst zu stillen, ein kaltes Getränk aus Lindenblüten oder Pfefferminze. Um sich ja nicht zu blamieren, suchte er nach Möglichkeiten vorbereitender Übung.

Seine Mutter war als junges Mädchen in Nürnberg einige Zeit „in Stellung" gewesen, wie es sich für Bauerntöchter schickte, die etwas auf sich hielten. Sie mußte wohl wissen, wie die Besseren ihren Tee trinken. Es blieb nichts anderes übrig, als ein ausführliches Übungstrinken zu veranstalten. Sie hat es sichtlich genossen, im Schatz früherer Erfahrungen zu kramen, und eine Teestunde mit Tasse und Untertasse, Löffel und Kandiszucker, einem Stücklein Kuchen, alles ausgebreitet auf einem gehäckelten Deckchen, zu zelebrieren; sogar eine Serviette hatte sie hingelegt. Es war eine der Gelegenheiten, bei denen sie dartun konnte, daß sie eben doch viel mehr verstand als ihr Ältester, der sogar allein beim Pfarrer zum Kaffee sein durfte. „Den Tee trinkt man nicht, den nimmt man", klärte sie ihn auf.

Der Tag nahte, die Stunde kam: viel früher als nötig machte sich der gespannte Gast auf den Weg. Draußen war es schon recht kühl, und weil er sich unterwegs Zeit lassen mußte, um nicht zu früh an der Pfarrhausklingel zu ziehen, war er ziemlich durchgefroren, als er sich Schlag drei Uhr im Pfarrhaus einfand.

Die natürliche Unbefangenheit des Pfarrers ließ die anfängliche Verlegenheit schnell wegschmelzen. Mit dem sichtlichen Stolz, etwas zu besitzen, was es weit und breit nicht wieder gab, pflegte der Pfarrherr den Gästen, die zum erstenmal bei ihm waren, die hohe Standuhr aus der nordischen Mitgift seiner friesischen Frau vorzuführen, die nicht nur die Stunden und die Tage anzeigte, sondern auch den Stand von Sonne und Mond und Jahr. Sie war im guten Wohnzimmer aufgebaut, das der allgemeinen Dorföffentlichkeit nicht zugänglich war. Dort durfte der Teestundengast auch das einzige echte Ölgemälde bewundern, das dem Pfarrer zufolge in der Gemeinde hing. Ausführlich schilderte er, wie er dieses kostbare Stück gekauft hatte: der Preis sei nach der Zahl der Enten vereinbart worden, die auf dem Teiche schwammen. Der junge Beobachter fand das Verfahren der Preisfestsetzung und die dahinterstehende Bildbewertung etwas ungewöhnlich. Oder wollte sein Pfarrer ihn auf den Arm nehmen? So ganz wußte man ja nie, wie man mit dem silberhaarigen Jugendpfarrer dran war. Vielleicht wurden Bilder wirklich so berechnet? Was wußte er schon.

Da schwebte auch schon die Frau Pfarrer an, begrüßte den errötenden Jüngling in ihrem hohen, singenden, s-pitzen nordischen Tonfall mit sanftem Händedruck, lud ihn ein Platz zu nehmen und holte, Tasse für Tasse, den Tee aus der Küche nebenan. Es lief alles ganz gut. Nur: nach ein paar Schlückchen wurde dem Gast schrecklich heiß. Die Nase gab keine Ruhe; sie drohte sogar zu tropfen. Da stellte sich das große Malheur des Tages heraus: er hatte kein Taschentuch bei sich.

Er fühlte sich fürchterlich verlegen. Nichts von dem, was ihm geholfen hätte, war erlaubt: Es gehörte sich nicht, mit dem Handrücken zwischen Mund und Nase vorbeizuwischen. Und es gehörte sich erst recht nicht, das, was da herunter wollte, durch energisches Einatmen droben festzuhalten; schnorcheln und röcheln ist unanständig.

Die Gastgeberin muß gemerkt haben, wieviel Verlegenheit ihren sittsamen Teetrinker plagte, wie er hin- und herrutschte und wie es in seinen Armen zuckte. Unauffällig schwebte sie weg und kam mit einem Taschentuch zurück, das sie dem Verlegenen reichte, als sei's eine vergessene Serviette. Der Pfarrer übersah den Vorgang.

Eingehend legte er stattdessen dar, warum es ihm Freude mache, diesen und keinen anderen Beruf zu haben. Es war unverkennbar seine Absicht, den Gast für den Gedanken zu erwärmen, in seine beruflichen Fußtapfen zu treten. Er wußte wohl aus eigener Erfahrung, daß es notwendig war, dem Bilde, das man auf dem Dorf vom Pfarrer hatte, das Entrückte, Unerreichbare, Ferne, Mythische zu nehmen.

Von diesem Nachmittag an hatte er oft seinen jungen Freund zu Besuch — stundenlang, ganze Abende, mitunter bis zum Morgengrauen. Es hat ihm viel Zeit gekostet, Glaubenszweifel zu bekämpfen und einen Mitstreiter mehr für diesen außerordentlichen Beruf zu gewinnen.

Entmilitarisiert

„Wenn die das überall so gewissenhaft machen, brauchen sie lange, bis sie Deutschland durchgekämmt haben." So lautete das Urteil des alten Gehring, nebenher Raiffeisen-Rechner und deshalb in besonders hohem Ansehen. Was er sagte, mußte wohl stimmen. Er selber schränkte seine Meinung freilich ein, als er am zweiten Tag der Ami-Einquartierung „den Hans als Dolmetscher" verlangte: „Vielleicht machen sie das nur in Franken so gründlich, weil da der Streicher gehaust hat", erläuterte er der Mutter des Jungdolmetschers, als die klagte: „Nachbar, wie lange werden wir die denn noch im Haus haben?"

Dem angesehenen Nachbarn mochte der Verlangte seine Bitte nicht abschlagen, obzwar er erhebliche Zweifel hatte, ob es ihm gelänge, die Erwartungen des Rechners zu erfüllen. Eigentlich wollte er nämlich mit den Amerikanern nichts zu tun haben, obwohl sie auch bei ihm im Hause einquartiert waren. Und zwar gleich zu siebt. Das ganze Haus hatten sie besetzt, groß war es ja nicht. Nur eine einzige Stube blieb seiner Mutter und seinen drei Geschwistern: dort mußten sie schlafen, kochen, essen, und den ganzen Tag zubringen. So hatten sie die Weisungen der barschen „Befreier" verstanden, als sie von ihrem Haus Besitz ergriffen und die ganze Familie in einen Raum hineinzwängten — „fast so, wie das Beefsteak in die Konservendosen", meinte der Hans, als er mit ansehen mußte, wie von Mahlzeit zu Mahlzeit mehr leere Dosen auf den Hof hinausgeworfen wurden.

Er ging den Amerikanern aus dem Wege, wo er nur konnte. Zwar war er gegen sie nicht feindlich eingestellt — dazu hatte er als eifriger Schwarzhörer zu häufig den Soldatensender Calais und Radio Beromünster gehört; daß es mit dem Hitler zu Ende gehen mußte, war in seiner Familie seit langem unbestritten. Sie waren ohnehin keine großen Freunde der Nazis; die hatten den Onkel um den Bürgermeisterposten gebracht und die Juden aus Deutschland vertrieben, bei denen die Mutter immer gerne eingekauft hatte und zu denen er gebracht wurde, als man einen tüchtigen Arzt brauchte, der in seiner frühen Kindheit sein linkes Auge retten sollte.

Was ihn wurmte, war die Art, wie die Amerikaner ihn um sein schönes Luftgewehr gebracht hatten. Gleich nach ihrem Einzug ins Dorf, noch ehe sie auf die Häuser verteilt waren, hatten sie Zettel verteilt, auf denen die Aufforderung stand, jeder möge Waffen, die er besitze, abliefern. Viel kam nicht zusammen. Sein Großvater lieferte als Forstbediensteter ein Trumm ab, freilich nur eins. Daß der einzige Jäger im Dorf nur ein Gewehr haben sollte, noch dazu einen alten Zimmerstutzen, wollten die Herumstehenden nicht recht glauben, sagten aber nichts. Da mischte man sich besser nicht ein. Der Hans selber zählte die beiden Luftgewehre, die es bei ihm gab, nicht zu den Waffen — das kleine, das er geschenkt bekommen und das große, schwere, das er als Jungvolkführer zu verwahren hatte. Ganz wohl war ihm nicht dabei, denn schließlich sahen seine Flinten ja wirklich wie Gewehre aus. Ziemlich gedrückt schlich er heim, als die Waffensammelaktion abgeschlossen schien.

Bald darauf kamen die Ami auch zu ihnen: „Du Gewehr, du Gewehr", schrie ihn einer an, als er die

Siebener-Gruppe am Gartentor erwartete. Dem Buben verschlug es schier die Sprache. „Nix Gewehr, nix Gewehr", erwiderte er und machte sich davon, um die Federbolzen zu holen, mit denen er beim Scheibenschießen sein kleines Gewehr lud. So wollte er die neugierigen Sucher darauf vorbereiten, daß sein Schießgerät nicht kriegerischen Zwecken dienen konnte und deshalb eben kein Gewehr sei. Die freilich gaben sich damit nicht zufrieden, als sie fünf bunte Bolzen untereinander herumzeigten, in einen regen Gedankenaustausch ausbrachen und dann stumm mit ansahen, wie ihr Anführer lospolterte: „Du Militarist, du Militarist." Das lärmende Geschrei trieb den Hans in die Kammer, um seine beiden Lieblingsstücke abzuliefern.

Zitternd, mit gesenktem Kopf und zuckenden Mundwinkeln, den Tränen nahe, hielt er sie den Eroberern hin. Die packten sie, besahen sie und stellten den großen Schießprügel zur Seite. Schon hatte er die Hoffnung, das kleine wieder zurückzuerhalten, da riß es der Anführer hoch, machte ein paar Schritte auf den gußeisernen Pumpbrunnen zu und schlug den Lauf über den schweren Brunnenaufsatz. Das große Stück, das ganz wie ein KK, ein Kleinkalibergewehr, aussah, nahm einer von ihnen an sich.

„So, jetzt bist auch du entmilitarisiert", stellte die Mutter in einer Mischung zwischen Schadenfreude und Mitleid fest. Das Gewehr hatte nämlich manchen Ärger verursacht. Vor allem bei der jüngeren Schwester und deren Puppen, die gelegentlich als bevorzugtes Ziel gedient hatten.

Nachtwache

Als die Amerikaner das abgelegene Dorf wieder verlassen hatten — ein paar Tage waren sie einquartiert — kamen schlimme Wochen. Alle erlebten, was es bedeutete, ohne Regierung zu sein, ohne Polizei und ohne Ordnungsmacht — „die kaiserlose, die schreckliche Zeit". Die ganze Gegend wurde in Angst und Schrecken versetzt.

In einer der drei großen Kasernen Ansbachs war ein DP-Lager eingerichtet worden — für Leute, die von den Amerikanern als displaced persons, als Deportierte, bezeichnet wurden. Dort waren die Polen, Ukrainer und sonstigen Fremden untergebracht, die vorher als Kriegsgefangene oder als Verschleppte in Fabriken und bei Bauern hatten arbeiten müssen. Offenbar waren sie nicht sehr gut versorgt. Der Hunger scheint sie zu Raubzügen in die Umgebung getrieben zu haben. Kaum ein Tag oder eine Nacht verging, an dem nicht ein Anwesen ausgeräumt wurde. Kaum ein Dorf in der Umgebung der Stadt, das verschont geblieben wäre. Am schwersten hatten es die außerhalb der Ortschaften liegenden Mühlen. Einmal plünderten sie am hellichten Tag die knapp einen Kilometer abgelegene „Silbermühle". Als die männlichen Bewohner, durch den Müllerssohn gerufen, mit Sensen, Gabeln und Beilen am Ort der Räuberei eintrafen, erlebten sie gerade noch den Abzug der Plünderer, die ein Schwein und ein Kälblein in ihrer Mitte wegtrieben. Besonders schlimm war, daß sie nur wenige Schritte tun mußten, um sich im riesigen Feuchtlachwald zu verbergen.

Dem Dorf blieb nichts anderes übrig, als zum Selbstschutz zu greifen. Aber wer organisierte ihn und mit wem? Es gab nur ein paar steinalte Männer und eine Handvoll junger Burschen. Die freilich hielten sich durchaus für brauchbar.

Als sonderlich führungserfahren erwiesen sich die Groß- und Urgroßväter nicht, als sie die Nachtwachen einteilten. Aus unerfindlichen Gründen wurden Junge mit Jungen und Alte mit Alten zusammengespannt. Der Wachgefährte des 15jährigen Hans war sein

Nachbarsbub, knapp zwei Jahre jünger als er: ein 13jähriger gleichen Vornamens. Jede fünfte Nacht kamen die beiden Hansen an die Reihe. Wenigstens sechs Stunden hatten sie draußen zu bleiben. Eine unauslotbar lange Zeit. Und je länger sie ihnen vorkam, desto unheimlicher wurde sie.

Der treueste Begleiter des älteren Hans war neben dem Spielgefährten, Polizeikameraden und Dorfbeschützer in einem, ein langes, schmales, dolchartiges Schlachtermesser mit wackeligem Griff. So fühlte er sich einigermaßen gewappnet, sollte es wirklich losgehen.

Die erste Wache, die sie in stockfinsterer Frühlingsnacht verbrachten, ging ohne große Ereignisse vorüber. Aufregend genug war sie dennoch. Jedes ferne Hundebellen verfolgten sie; fühlte sich gar eine Kuh im nächtlichen Schlaf oder beim Wiederkäuen gestört, dann bestand für die Dorfwächter aller Grund zu angespanntester Achtsamkeit. Kurz vor Mitternacht unterlagen sie zwar der Versuchung, sich in der Holzstreu eines Schuppens zu verkriechen — aber sie brachten kein Auge zu, so groß war die Spannung. Die Zecken, die ihnen am nächsten Tag zu schaffen machten, bewahrten sie das nächstemal vor ähnlichem Zeitvertreib.

Leichter ums Herz wurde ihnen erst, als hinterm Holz der Morgen dämmerte, die Hähne ihren Weckruf krähten und die Hennen sich vernehmbar plusterten.

Daß dies gerade die gefährlichste Zeit sein könnte, kam ihnen nicht in den Sinn. Auch nicht beim zweiten Rundgang. Erst auf dem Heimweg in der Morgendämmerung ging ihnen auf, daß da etwas passieren könne. Und da erlebte der ältere Hans aufregende Minuten:

Mehr aus Furcht denn aus Rücksichtnahme auf die Dorfbewohner schritt er nicht auf der Straße heimwärts, sondern im feuchten Gras am Wegrand. In ausgefranzten Umrissen konnte er bereits sein Haus wahrnehmen, das einige hundert Meter vom Dorf entfernt lag, als er wie angewurzelt stehenblieb, um nach vorne und nach hinten, nach rechts und nach links zu lusen. Nichts rührte und regte sich. Unheimlich stille wars. Nur in der Ferne rauschte der Wasserfall, der in guten Zeiten die fremden Besucher aus der Stadt im Dorf murmelnd willkommen hieß. Heute störte er sein Lauschen sehr. Denn auf beiden Fensterscheiben an der Giebelseite seines Hauses — gerade seines Hauses, noch dazu vor seiner Schlafkammer! — tanzte ein blasser Lichtschein hin und her, mal an der einen, dann an der anderen Scheibe erkennbar. Immer wieder sicherte der einsame, ängstliche Dorfschützer, beugte sich nach rechts und nach links, und wie er, so veränderte auch der Lichtschein seinen Standort.

Das müssen Diebe sein, die mit ihren Taschenlampen in Kammer und Stube leuchteten, schloß er und pirschte sich hinter den Büschen am Mühlbach ein Stück weiter heran, krampfhaft überlegend, was zu tun sei. Krach schlagen? Das ganze Dorf wecken? Einen einzelnen alten Bauern herausholen?

Er stellte sich vor, daß die Diebe genau so voller Furcht stecken würden, ertappt zu werden, wie er darüber, sie erwischen zu können.

Eigentlich, so meinte er, müsse es genügen, wenn er sich mit viel Lärm davonmachte. Und so rannte er ins Dorf zurück, so laut er konnte. Die genagelten Schuhe sorgten für gehörigen Krach.

Einige Minuten harrte er an der Milchrampe im Dorf aus, wo inzwischen die Hunde ein markerschütterndes Gebell angeschlagen hatten. Dann schlich er auf dem Rasen zurück, hoffend, daß der Spuk vorüber sei. Aber das Licht pendelte immer noch an beiden Fenstern. Nur etwas schwächer. Da ging auch ihm ein Licht auf: In den beiden Fenstern spiegelte sich das Licht des erlöschenden Mondes. War er froh, daß er niemanden im Dorf willentlich rebellisch gemacht hatte! Er hätte sich unsterblich blamiert.

Ehe er sich schlafen legte, überprüfte er gründlich, ob das große Beil am langen Helm auch wirklich zwischen Nachttisch und Bett stünde.

Einige Wochen später schlief die Nachtwacherei wieder ein. Aber da kam die Plage der Diebe wieder. Ihm selber wurden sämtliche Stallhasen und Hühner gestohlen, nur die Tauben blieben verschont. Für einen Nachbarn ging diese Zeit tragisch aus. Kurz vorher war er vom Krieg heimgekehrt. Sein Haus stand halbwegs zum Kirchdorf. Räuber, die er stellte, als sie es auf ein paar Gänse abgesehen hatten, erschossen ihn. Den ganzen Krieg hatte er überstanden, die regierungslose Zeit kostete ihn das Leben.

Kleiner Knecht

Die ersten Monate nach Kriegsende brachte der junge Oberschüler, dessen Schule zerbombt war, als kleiner Knecht hinter sich. Bis er wieder zur Schule konnte — wenn das überhaupt noch möglich war —, half er beim größten Bauern des Dorfes, dessen beide Söhne noch im Felde waren. Eine unverheiratete Tochter mußte zusammen mit ihren Eltern, die nicht mehr ganz auf der Höhe waren, den Hof schmeißen.

Bald wurde ihm eine Aufgabe übertragen, die ihn außerordentlich fesselte. Allein den Auftrag empfand der 14jährige schon als ungewöhnliche Auszeichnung. Er wurde mit der Gewöhnung zweier junger Stiere als Zugochsen betraut.

Die Bäuerin (von Chefin sprach man damals noch nicht) hatte sich eine ziemlich raffinierte Art ausgedacht, den Ehrgeiz ihres jungen Helfers zu entfesseln: lang und breit schilderte sie die Leistungen der kleinen Knechte früherer Zeiten, wie sie sich mit dem Jungvieh abgegeben hatten, wie sie besonders entlohnt wurden, wenn das Stück, das vom Metzger abgeholt wurde, ein ungewöhnlich hohes Gewicht erreicht hatte. Freilich, die Abrichtung junger Stiere habe man seinerzeit den jungen Knechten noch nicht anvertrauen können. „Aha, du hast also doch mehr drauf als die seinerzeit", dachte sich der an seinem Ehrgeiz gepackte, Opfer der Schlauheit seiner Meisterin.

Schon nach ein paar Wochen war es ihm gelungen, seine beiden Jungochsen so sauber zu striegeln und zu bürsten, daß die braunen Hinterteile golden glänzten. Der säuerliche Geruch, der sich bei der Ochsen-

pflege verbreitete, fuhr ihm zwar beißend in die Nase und der eingetrocknete grünliche Miststaub fraß sich in Stallhose und Kittel fest, so daß man dieser Beschäftigung gerne aus dem Weg ging — ihn aber störte das nicht, er war aus dem Stall fast nicht mehr herauszubringen. „Am besten, du schlägst gleich deine Bettstatt im Stall auf", brummte die Mutter, wenn er nach Feierabend noch einmal verschwand, um die Schwänze mit Seifenwasser zu waschen und in der Hoffnung zusammenzuflechten, daß sie am nächsten Tage lockig und wellig wie aufgekämmtes Mädchenhaar herabfielen, wenn er die Jungtiere ausführte.

Jeden Tag durfte er die temperamentvollen roten Stiere ein paar Schritte mehr im Hof und bald auch auf der Dorfstraße herumtreiben. Alsbald bekamen sie das Joch aufgesetzt. Und schließlich, als sie die Sprache verstanden, mit der sie gelenkt wurden, durfte er sie zunächst an einen Baumstamm und endlich vor einen Wagen spannen. Alles ging gut. Die beiden Jungochsen waren ziemlich gelehrig. Ein kurzes Schnellen mit dem Zügel — und sie wendeten nach links; ein leichtes schlagendes Schnalzen — und sie bogen nach rechts ab; anhaltendes bremsendes Ziehen schließlich forderte sie auf, stehenzubleiben. Bald waren diese Signale überflüssig. Die Jungochsen gingen aufs Wort: Hott und Wüst, Wüa und Öha befolgten sie, als wären sie im Zirkus darauf dressiert worden.

Schließlich durfte der kleine Knecht sie zu regelmäßigen Arbeiten einspannen. Voller Stolz fuhr er morgens Gras holen. Auch das ging die ersten Male ganz gut.

An einem Montag im September erlebte er freilich, daß auch eine Ochsentour recht aufregend sein kann. Etwas mißmutig, weil ziemlich unausgeschlafen, spannte er gegen 7 Uhr morgens ein, um Sommerklee einzuholen. Ob er mit dem verkehrten Bein aus dem Bett gestiegen war oder seine Anbefohlenen falsch aus dem Stall getrieben hatte oder ob beides zusammentraf: irgend etwas wollte an diesem Morgen ums Verrecken nicht klappen.

Als er aus dem Hof hinausfuhr, wäre er um ein Haar mit der Nabe des rechten Hinterrades an der Hoftorsäule hängengeblieben. Es stellte sich heraus, daß der Sattelochs nicht an der Deichsel angekettet war. Mit heftigem Schnauben reagierte der Jungstier, schüttelte beleidigt seinen riesigen Schädel und warf ihn heftig auf und ab. „Das kann ja gut werden", dachte der verdatterte Fuhrmann, nervös wie sein Gespann.

Auf der hochgelegenen Wiese war er eben dabei, die letzte Mahd zusammenzurechen, als ein scharfes

Pfeifen die Luft und den Morgen durchschnitt. In Sekundenschnelle folgte ein heftiges Knattern der Deichselketten, schlagartig hatte das behagliche Schnaufen der fressenden Tiere ein Ende. Da war der mächtige Flügelschlag eines hochsteigenden Mäusebussards wahrzunehmen. Offenbar hatte er sich neben den Ochsen seine eigene Frühstücksbeute geholt, eine mickrige Feldmaus. Den Ochsen war das zuviel. Sie scheuten und galoppierten im Karacho davon, querfeldein zuerst und dann auf den ausgefahrenen Rinnen im weiten Bogen auf die Hohlgasse zu. Wenn es nicht gelang, sie zu stellen, waren das Fuhrwerk und Gespann verloren. Als ginge es ums eigene Leben, raste der Kleine Knecht über die Stoppelfelder hinweg, einen steilen Hang hinunter, über Busch und Bach. Wenigstens eingeholt hatte er sie, schon hörte er das ratternde Gefährt und das Schnufen der Tiere, hinter denen eine gewaltige Staubwolke herzog. Und er sah, wie sich die Deichsel mächtig verschob. Sie schienen zu bremsen. Das machte dem schier Verzweifelten Mut zu einer energischen Aktion: er stellte sich mitten in den Weg und brüllte den Ausreißern aus Leibeskräften ein furchterregendes Ö-ö-ö-ö-h-a-a-a entgegen. Und siehe da, sie kamen zum Stehen.

Alles war noch einmal gut gegangen. Das große Ereignis des Tages und das Ereignis einer kurzen Fuhrmannskarriere!

Eingehend wurde beim Mittagessen erörtert, wie es zu diesem Malheur kam und was alles hätte passieren können. Beispiele und Erlebnisse aus der Vergangenheit, als anderen die Ochsen „durchgegangen" waren, wurden herangezogen. Vor allem wollte der Bauer wissen, ob sein Lehrbub denn ein Taschenmesser bei sich gehabt habe. „Für den Fall, daß etwas passiert wäre". Stolz zog der Gefragte eine kleine kümmerliche Kirchweiherwerbung aus der Tasche. „Da hast du ein gescheites Messer; mit deinem Rappenstecher kann man keine Stränge aufschneiden, wenns drauf ankommt", stellte der Bauer fest, nachdem er aus der Kredenz in der guten Stube ein schönes Schnappmesser mit hölzernem Griff hervorgeholt hatte. So wurde dem „studierten Ochsenpfleger" an diesem hektischen Tag auch noch ein schönes Werkzeug, Stolz aller Dorfbuben, verehrt.

Warum nicht Stangenreiter?

Gerne wär der Kleine Knecht zum Großen befördert worden. Die Stelle war ja frei: beide Buben des Bauern waren noch in Kriegsgefangenschaft. Daß er noch zu jung sei und außerdem nach dem Willen seiner Mutter ja nicht dauernd als Dienstbote tätig sein sollte, sondern wieder zur Schule gehen — das interessierte ihn in diesem Zusammenhang wenig. Er tat jedenfalls alles, um möglichst bald aufzusteigen.

Längst hatte er schon herausbekommen, daß im Dorf die Großen Knechte danach beurteilt wurden, wie sie mit der Peitsche knallen konnten. Es hieß, daß die Tüchtigsten ganze Märsche hinknallten. Jedenfalls habe ein richtiger Stangenreiter sein eigenes Peitschenknallsignal. Sorgfältig machte sich der Kleine Knecht daran, die notwendige Ausrüstung zu beschaffen. Einen schönen, kunstvollen Geiselstock selbst zu kaufen — dazu reichte ihm das Geld nicht. Er hätte seinen vollen Monatslohn daransetzen müssen, 20 Mark. So suchte er lange im Wald nach einem schmalen hohen Fichtenbäumlein, dessen Stamm schlank genug war. Die Geiselschnur ergatterte er bei einem Onkel. Und den feinen, enggeflochtenen, unten zu einer Troddel geöffneten Bindfaden, der in die Geiselschnur einzuflechten war, erbat er sich vom Vater seiner Mutter, der einst selber ein großer Hauderer war und ihm gleich ein wenig Unterricht im Knallen gab.

Aber auch die schönste Knallerei macht noch keinen Kutscher — und die bestgemeinte Geisel noch keinen Stangenreiter.

Als die Kugeln pfiffen

Während der kalten, trockenen und schneelosen Wintermonate 1945/46 machten die Amerikaner mit der Abrüstung tatsächlich ernst, von der man in der Zeitung las. Im nahen Flughafen Katterbach wurden schwere Bomben und flotte Jagdflugzeuge ausrangiert. Das sprach sich im Dorf schnell herum. Denn manches war dort zu holen.

So zogen denn die Jugendlichen mit Handwägelchen und spärlichen Werkzeugen los, um bei den Besiegern Beute zu machen. Ganze Bomberrümpfe standen auf dem riesigen Schrottplatz, in den sich die Bewohner hineinstahlen. Der Ertrag der ersten Züge war für ihre Verhältnisse gewaltig: Drähte und Kabel, ganze Werkzeugkästen, große und kleine Scharniere, Filz- und Sperrholzplatten, wasserdichtes Segeltuch und riesige Kunstlederstücke wurden weggeschleift. Lauter Kostbarkeiten für den Bastler. Daß den Materialien der Reiz anhaftete, verbotenes und nach allgemeiner Auffassung doch nicht gestohlenes Gut zu sein — es war ja Kriegsgerät — machte es erst köstlich.

Wenigstens einmal in der Woche ging man aufs „Organisieren", um die kleinen Werkstätten auszustaffieren, die jedes Haus im Dorf hatte, das einigermaßen auf sich hielt und die, solange die Väter nicht da waren, von den Jungen verwaltet wurden.

Zu Hause dienten die Materialien dazu, das Nötigste zu fabrizieren. Damals gabs ja nichts zu kaufen. So hatte der junge Hans durch stundenlanges Zuschauen und aufmerksames Beobachten dem Schuster abgeguckt, wie man Filzpantoffeln macht. Endlich besaß er die kostbaren Filze und Tücher, um Schuhzeug für den Hausgebrauch anzufertigen. Einen Dreifuß stellte der Großvater zur Verfügung. Die Produkte fanden reißenden Absatz — sogar beim Einzelwarenhändler in Ansbach. Für kurze Zeit erschloß sich der Freizeitschuster eine kräftig sprudelnde Einnahmequelle. Die ergatterten Drahtstücke dienten dem Minifabrikanten dazu, aus jungem Birkenreisig und Besenginster Fußabstreifer und Kehrbesen herzustellen. Auch sie wanderten in die Stadt. Solange er nicht zur Schule konnte, die ja noch ausgebombt war, ging er diesem Broterwerb nach.

Offensichtlich wurde es den Amerikanern allmählich zuviel, daß sich immer mehr Fremde, vor allem Kinder und Jugendliche, auf ihrem Schrottplatz herumtrieben. Vor der letzten Reise waren die Buben in einem der Dörfer, durch das sie kamen, ehe sie die große Deponie erreichten, gewarnt worden: Seit kurzem sei das „Müllplatzgoggern" striktest untersagt. Sie freilich wollten es genau wissen. So zogen sie weiter. Reißend und rupfend machten sie sich im Innern des Flugzeugrumpfes ans Werk. Die ersten Beutestücke hatten sie bereits auf ihre Fahrzeuge verfrachtet. Da hörten sie, wie ein Jeep anbrauste. Im Nu waren sie vom Erdboden verschwunden. Brüllend und fluchend forderten die Amerikaner sie auf, schleunigst zu verschwinden.

Hans, der Müllplatzgoggerer, fühlte sich im Rumpf seines Flugzeuges ziemlich sicher, zumal er sogar einen Ausguck mit ziemlich gutem Überblick hatte. Da harrte er nun der Dinge, die kommen sollten. Die Versuchung, es seinen Kameraden nachzumachen, die mit erhobenen Händen — sie fühlten sich ganz militärisch als Gefangene — aus dem Blechhaufen herauszukriechen, war ziemlich groß. Aber er versäumte den günstigen Augenblick. Da fand er, nun sei es zu spät, abzuspringen und blieb sitzen. Zuversichtlich hoffte er, nicht entdeckt zu werden.

Wie eine aufgescheuchte Hornisse brummte der Jeep durchs Gelände. Er surrte auch am Flugzeugrumpf vorbei, der den verdatterten Hans barg — und da sahen die Amis sein Handwägelchen stehen. Offensichtlich schlossen sie scharfsinnig, daß sich da einer versteckt haben müsse. Ob sie sich selber fürchteten, oder ob es nur Bequemlichkeit war? Sie unterließen es, im ausrangierten Bomber nachzusehen. Stattdessen fuchtelten sie wie wild mit ihren Pistolen in der Luft herum und gaben sogar einige scharfe Warnschüsse ab, von denen der Gesuchte lange Zeit behauptete, daß er die Kugeln habe pfeifen hören. Damals wurde ihm vor Schreck rot und schwarz vor den Augen.

Als er wieder zu sich kam, wars ruhig — und ziemlich dämmerig. Keine zehn Pferde hätten den jungen Delinquenten mehr zu solch räuberischen Unternehmen gebracht. Aber wenigstens hatte auch er die Kugeln pfeifen hören.

Weiter auf die Oberschule?

Mehr als einmal wurde in den langen Herbst- und Wintertagen zwischen Mutter und Sohn die Frage hin- und hergewälzt, ob er nach der kriegsbedingten Unterbrechung die Ansbacher Oberschule weiter besuchen solle. Die Erwägungen interessierter Bekannter, von denen man nicht recht wußte, ob wirkliche Anteilnahme ihnen die Zunge löste, beschäftigte dabei am wenigsten; sie sagten nämlich, daß der Bub als Jungzugführer im „hitlerischen Jungvolk" zu sehr belastet sein könnte, um weiter „auf die Schule" gelassen zu werden. Nach allem, was die beiden, Mutter und Sohn, über die Besieger und Umerzieher in der Zeitung lasen, hielten sie eine solche Schofligkeit für ausgeschlossen.

Mehr beschäftigte sie die Frage, ob die Lage der Familie einen Schulbesuch zuließ. Sie war denkbar ungünstig. Die drei Geschwister waren zwischen sieben und elf Jahre jünger, also noch sehr klein. Für sie mußte gesorgt werden. Die Mutter war gerade bei Kriegsende an einer schweren Diphtherie erkrankt gewesen. Mit eiserner Energie arbeitete sie als Dorf-Damen-Schneiderin und hielt ihre Familie schlecht und recht über Wasser. Der Vater war bei Stalingrad vermißt. Ohne es sich einzugestehen, rechneten sie nicht mehr mit seiner Wiederkehr. Und Kriegsopferversorgung gab es damals noch nicht. Bis 1948 dauerte die Bewilligung der Rente.

Dabei mußten sogar noch monatlich 20 Mark Schulgeld aufgebracht werden.

Der Sohn neigte dazu, Bauer zu machen. Die Mutter hielt dem aber einige Überlegungen entgegen, die überzeugend wirkten: „Wer nichts hat, ist nichts wert, denken die Leute, wenn es einmal ans Heiraten geht." „Du siehst es doch an den Flüchtlingen. Die mögen daheim einen noch so großen Hof haben, hier haben sie nichts und darum wird es ihnen schwer gemacht, in einen Hof hineinzukommen." Sie hatte nicht unrecht. Wenn man die Augen und die Ohren aufmachte, konnte man sehen und hören, was vor sich ging. Auch als ganz junger Spund. Nein, es hatte keinen Sinn, sich vom Kleinknecht zum Bauern hochdienen zu wollen. „Am Ende mußt du dann halt als kleiner Kritscher dein Leben fretten", argumentierte die Mutter. Wie es seit Jahrhunderten war, blieb es auch in den ersten Nachkriegsjahren: Gäulbauern heirateten unter sich und Ochsenbauern, und schließlich auch die kleinen Kühpritscher. Es mußte eine Tochter schon ungewöhnlich überständig sein, wenn sie sich einen armen Schlucker fing, der nichts hatte und nichts mitkriegte, und die so „unter ihren Stand" heiratete.

Wars nicht besser, ein Handwerk zu erlernen? Oft hatte er als Bub ganze Tage beim Wagner zugebracht. Es ließ ihn nicht los, zu beobachten, wie aus rohen trockenen Eschenstämmen riesige und außerordentlich schöne Wagenräder wurden, eine wahre Kunst. Den Geruch von Holz, Hobelspänen, Öl und Lack liebte er ganz ungemein. Daß er hie und da mithelfen, sogar an der Bandsäge hantieren durfte, die auf einem riesigen Rad lief, gewann ihn vollends für dieses Gewerbe. Aber auch dagegen hatte die Mutter eine Menge einzuwenden. „Der Beruf stirbt aus", prophezeite sie, als ihr Ältester seine Neigung zu diesem Handwerk darlegte. „Du siehst doch, daß immer mehr

Bulldogs, Autos und gummibereifte Wagen herumkutschieren. Da braucht man bald keinen Wagner mehr.“ Die Zukunft gab ihr recht.

Ihr Ziel war der Besuch des Gymnasiums. Dabei blieb sie. Mit dieser Haltung machte sie unter den meisten Eltern eine Ausnahme.

Als der Bub sich nach langen Monaten des Wartens, einem Zeitungsaufruf folgend, eines abends im Ansbacher Schulprovisorium meldete, entdeckte er nur wenige bekannte Gesichter. Um so mehr gab es Fremde, Kinder von Flüchtlingen, wie man damals sagte. Von den 40 Schülern, die sie über drei Jahre hinweg waren, blieben ganze sieben übrig: ein Schneiderssohn aus der Nähe von Bechhofen; ein Bauernbub aus Heilsbronn; aus Leutershausen die Söhne eines Ofenfabrikanten und eines Postbeamten; aus Oberdachstetten der einzige eines Sägewerksarbeiters, sein bester und treuester Schulfreund, neben dem er bis zum Abitur saß; und schließlich noch ein Wagnerssohn von Neunstetten sowie der Älteste eines Gutsbesitzers nahe Ansbach. Zu fünft erreichten sie das Abitur, die beiden anderen verließen die Schule mit der Mittleren Reife.

Es war schwer, wieder den Anschluß zu finden. Aber eines kam den meisten zustatten: Sie hatten zu arbeiten gelernt. Als kleiner Knecht hatte der Hans zum Beispiel erlebt, wie viel man in einer Stunde erledigen kann — und sogar in einer Viertelstunde. Als Bastler und Taubengoggerer hatte er genug Nebenbeschäftigungen, um einen ausgefüllten Tag zu erleben, Beschäftigungen zudem, die hin und wieder auch etwas abwarfen. Als Ältestes von vier Geschwistern trug er eine mordsmäßige Verantwortung für die Jüngeren.

Als die Buben bei einem schrecklich strengen Pauker die erste Schulaufgabe schrieben, und der Hans die beste Arbeit schrieb — es war eine Drei, bessere Noten gab der nicht —, erklärte die Mutter befriedigt: „Jetzt hast du's durchgerissen." Er dachte freilich, sie sei es gewesen, die es durchgerissen habe.

Leicht war es nicht. Vor allem als die Altersgenossen ihre Lehrstellen hatten, über einiges Taschengeld verfügten, abends aus- und sonntags tanzengehen konnten. Der Gymnasiast meinte, sich das nicht leisten zu dürfen, denn das könne von der Schule ablenken. Und die war uneingeschränkte Hauptsache. Allmählich machte sie auch Spaß, vor allem, als ihm schon mit 16 Jahren ein besonders aufmerksamer Lehrer die ersten Nachhilfestunden verschaffte — u. a. bei Kriegsteilnehmern, die ihr Abitur nachholen wollten und viel älter waren als er.

Schwarzmarktgeschäft

Als die Entscheidung zugunsten der Fortsetzung des Schulbesuches gefallen war, fuhr der Gymnasiast mit einem ehrwürdigen, scheppernden Fahrrad, Erbstück seines Vaters, der es selbst schon viele Jahre benutzt hatte, Abend für Abend in die Stadt. Abends deshalb, weil das eigene Schulgebäude zerstört und die endlich Zusammengerufenen in einem Notquartier untergebracht waren. Zur Rückfahrt in stockfinsterer Nacht brauchte er Licht. Der kleine Dynamo aber funktionierte nicht mehr. Eine neue elektrische Lichtanlage war bestenfalls auf dem schwarzen Markt zu ergattern. Und dorthin fehlte die Verbindung.

Nach langem Stöbern fand er eine alte Karbidfunzel. Unter großem Zeitaufwand brachte der Bastler sie wieder zu spärlichem Flimmern. Oft gab es Schwierigkeiten. Mehr als einmal ersoff sie. Der Nachtradler gab zwar dem schlechten Kalkbrennstoff die Schuld, meinte aber im Nachhinein doch, mit dem Wasser und auch mit dem kunstvoll geformten Specksteinbrenner nicht zurecht gekommen zu sein.

Mehr als die Mühsal häufiger Reparaturen störte ihn der Geruch, den dieser flackernd kochende Leuchter verbreitete. Vor allem bei Windstille meinte er, mit einem ganzen Jauchefaß herumzufahren — so stank die Funzel.

Allmählich hielt das Fahrrad die nächtlichen Touren nicht mehr aus: Hinten und vorne gings aus dem Leim. Zum Glück stellte die Schule um diese Zeit auf Tagesunterricht um. Ein volles Jahr marschierte er nun zu Fuß querwaldein in die Stadt. Im Winter benutzte er gelegentlich, wenn es die Schneeverhältnisse zuließen, seine Ski.

Aber auf die Dauer kam er, darin stimmte die ganze Familie zu, ohne Veloziped nicht aus. Zwei Stunden täglichen Fußmarsches durch den tiefen Feuchtlachwald — das war auf die Dauer zuviel.

Schließlich kam dem Ratlosen zu Ohren, daß eine bekannte Familie in der Stadt bereit wäre, sich vom nagelneuen Fahrrad ihres Sohnes zu trennen, der im Krieg geblieben war.

Lange hatten sie gezögert. Aber schließlich war ihnen das Weizenmehl, das sie verlangten, wichtiger als das ungenutzt herumstehende Lieblingsstück ihres Ältesten, zumal dessen jüngere Geschwister Hunger litten.

Vier Wochen lang kämmte nun der Fußgänger die ganze Freundschaft durch, bis er im Mai 1947 endlich 150 kg Weizen, drei volle Zentner, zum Müller bringen konnte. Die erste Mehllieferung, 25 Pfund, trug er mit dem Rucksack in die Stadt. Er war ziemlich wackelig auf den Beinen, als er in dem von Bomben arg zugerichteten Haus die knarrende Bodenstiege hochkletterte, um das kostbare weiße Gut abzuliefern. Immer wieder schaute er sich um nach Leuten, die sein verbotenes Tun wahrnehmen konnten. Ein gutes Gewissen hatte er bei seinem Schwarzhändler-Coup nicht.

Das stattliche Herculesrad wurde vorgeführt. Blitzblank strahlte es ihm zu. Die kleinen Geschwister des einstigen Besitzers standen neugierig herum. Seine Geschäftspartnerin, die Mutter des Gefallenen, lobte das Lieblingsstück ihres Ältesten über den Schellenkönig. Ganz neu sei es noch. Kaum ein einziges Mal habe ihr Schorsch darauf fahren können und dabei habe er sich doch so über diese Anschaffung gefreut. Eindringlich ermahnte sie ihn: „Halt es mir fein in Ehren. Dem Schorsch war es sein Heiligtum."

Die Empfindungen, die der junge Fahrradbesitzer fünf Jahre später hatte, als er sich auf der Universität zusammen mit seinem Freund ein Motorrad leistete, waren nicht einmal annähernd denen vergleichbar, die ihn nach Abschluß seines großen Schwarzmarktgeschäftes bewegten.

„Heute hat er aber einen Gradel", spöttelte die Mutter, weil er freihändig balancierend aufs Haus zu in den Hof hineingefahren war. Hochmut, auch Radfahrerhochmut, käme vor den Fall.

Hamsterer

Wieder einmal war Besuch aus Nürnberg dagewesen. Wie so oft während der letzten Jahre. Meist kamen die fernen Verwandten mit leeren Händen und Taschen, voll gepackt aber zogen sie wieder von dannen.

Man bekam richtig Mitleid, wenn sie schilderten, wie sie mit knapper Not das nackte Leben gerettet hatten, als der Bombenhagel auf sie niederprasselte, und wie es jetzt noch, obwohl der Krieg längst schon aus war, in ihre Wohnung hineinregnete.

Ein paar alte Schränke, Stühle und Tische hätten sie zwar wieder ergattert und auch sonst sei das Nötigste vorhanden, aber „am Essen happerts halt immer noch". Außerdem war der Vetter aus der Stadt ein starker Raucher, so daß er an Mutters Tabakmarken großes Interesse zeigte.

Ganz selbstlos wurde nicht geholfen: die Verwandten aus der Stadt, die sich erst gegen Ende des Krieges dieser Beziehung erinnert hatten, wiesen nämlich wortreich daraufhin, daß ihre Wohnung auch im Dachgeschoß bald wieder in Stand gesetzt sei, vor allem die Kammer mit den schönen Erkerfenstern, „und da kann der Hans, wenn er das Abitur gemacht hat und in Erlangen studiert, billig wohnen".

Um sich einen eigenen Überblick zu verschaffen, aber auch, um das nagelneue Fahrrad durch eine wirklich große Fahrt einzuweihen, machte sich der junge Mann an einem schulfreien Samstag auf die Reise nach Nürnberg. Die Trichterstadt hatte ihn schon lange interessiert. In aller Herrgottsfrühe, kurz nach Sonnenaufgang, fuhr er los. Streckenweise war die Straße noch recht löcherig und holprig.

Nach gut vier Stunden langte er am Rande der großen, einst berühmten, jetzt eher berüchtigten Stadt an. Er erkannte sie nicht wieder. Einmal nämlich hatte er sie schon gesehen, vor acht Jahren, auf einem Schulausflug zum Tiergarten, zur Kaiserburg und dorthin, „wo der Hitler und der Streicher immer ihre Parteitage halten", wie man das große Gelände umschrieb. An die wuchtigen, mal runden, dann wieder eckigen Riesentürme, an die große Kirche, an den Schönen Brunnen und die gewaltige Burganlage, hinter der die Vorfahren der Ansbacher Markgrafen gehaust hatten, konnte er sich noch recht deutlich erinnern. Er war gespannt, wie das jetzt aussehen würde.

Was er sah, spottete aller Beschreibung der Verwandten. So schlimm hatte er sich die Verwüstung nicht ausgemalt. Von ganzen Häuserreihen, vier bis sechs Stockwerk hoch, waren die Wände wie weggeschnitten, so daß ihn aufgerissene, leere, tote Kammern anglotzten. Wo nur die Menschen, die hier gewohnt hatten, einen Unterschlupf gefunden haben? Oder sind sie alle umgekommen? Unten, an den Straßen, lagen Geröllhaufen und Schuttberge. Kein Wunder, daß da immer noch Vermißte ausgegraben wurden, wie mans in der Zeitung las.

Bis er sich zur Wohnung des fernen Vetters durchgefragt hatte, brauchte er gut halb so lange wie bis zur Hinfahrt auf der demolierten Reichsstraße. Auch dieses Haus stand in einem jammervollen Zustand da: außen mausgrau, rußig; wo einst Fensterscheiben spiegelten, waren jetzt immer noch schwarze Löcher;

der Treppenaufgang kalt, kalkig, mit großen Mauerlücken, riesigen Brandmalen; die Wohnung wirklich recht dürftig eingerichtet.

Stolz überreichte der Besucher seinen Rucksack zum Auspacken. Am Nachmittag führten ihn die Gastgeber in der grauenhaft mitgenommenen Stadt herum und zeigten immer neue Trümmerfelder. Es fiel ihm ziemlich schwer, nachts einzuschlafen. Aber auch diese Nacht ging vorüber. Am nächsten Morgen hatte er nur noch einen Wunsch, nämlich eiligst wieder heimzukommen.

Mit der Zeit wurden die Hamsterbesuche der städtischen Freundschaft seltener. Bald nach der Währungsreform blieben sie ganz aus.

Ums Abitur herum reiste der angehende Stadtbewohner noch einmal nach Nürnberg, um zu sehen, ob der Wiederaufbau auch die Nürnberger Vettern schon erreicht hätte. Und tatsächlich: das Viertel am Stadtpark war fast nicht wiederzuerkennen, so schön hatte es sich herausgemacht. Die Verwandten wohnten noch dort. Aber sie erzählten verdächtig viel von den Schwierigkeiten, die sie immer noch hätten. Und sie wiesen besorgt auf die hohen Kosten hin, die mit einer täglichen Fahrt von Nürnberg zur Universität Erlangen verbunden seien. Der Gast machte sich seinen eigenen Vers auf dieses Lied. Er hatte die Nase voll und suchte sich in der Universitätsstadt eine eigene Bude.

Lob vom Doktor

Wieder einmal gabs Hochwasser im Dorf. Mitten im Orte, wo die sonst so seichten Bäche aus drei Himmelsrichtungen zusammenfanden, stauten sich die Wassermassen; zu schmal war der Abfluß nach Norden in Richtung Rezat. „So schlimm wars seit Menschengedenken nicht", meinten die Alten, die dabeistanden und mitansahen, wie es beide Stege in der Nähe der Mühle wegriß. Und daß sogar in den Stall der Mühle, der recht hoch lag, das Wasser eindrang, so daß die Kühe, Ochsen und Schweine zu den Nachbarn getrieben werden mußten, um sie dort einzustellen. Laut beklagte man, daß es jetzt die ganze Heuernte „versaut" hätte. Der junge Hans war vom Geschehen so beeindruckt, daß er zum Zeichenstift griff und die Szene vor seinem Haus im kleinen roten Skizzenbuch festhielt. Umständlich und feierlich unterzeichnete er sein Werk: „Erinnerungen an das größte Hochwasser, das ich bis jetzt erlebt habe. Am 30. Mai im Jahre 1942."

Manche Skizzen entstanden in den folgenden Monaten und Jahren. Die Ansicht des Heimatdorfes, des eigenen Anwesens von Osten, Westen und Süden, Porträts von Tauben, Hühnern und Hasen und von den Vögeln, die im Winter Futter suchen kamen.

Einer Federzeichnung, die eine romantische Waldlichtung nicht weit vom Haus am großen Weiher darstellt, gab er den Mathias-Claudius-Titel: „Der Mond ist aufgegangen"; so wendete er die wachsenden Literaturkenntnisse an, die er in der Schule gewann.

Trotzdem wäre er von diesem Steckenpferd wieder heruntergekommen, hätte er nicht ein paar Jahre später ein Erlebnis der Ermutigung gehabt. Mütterliches Lob reichte da nicht aus, die sparte damit ohnehin über die Maßen. Da war die Meinung von solchen Herrschaften wichtig, die besonderes Ansehen genossen. Zu ihnen zählte der Hausarzt.

In der Schule wurden damals die Gesetze des freien Falls behandelt. Der Physiklehrer trug seinen Zöglingen auf, maßstabsgerecht einen Turm zu zeichnen und einzutragen, wie ein Stein immer schneller stürzt. Dem Zeichner aus Leidenschaft war dies nicht nur eine mathematisch-physikalische Aufgabe, sondern vor allem auch eine darstellerische Herausforderung. Stundenlang stand er vor dem kleinen Reißbrett aus weichem Lindenholz und zog mit Lineal, Feder und Tusche Linien, schraffierte und skizzierte. Als Motiv hatte er die beiden außergewöhnlichen spätgotischen Türme der Ansbacher Gumbertuskirche gewählt. Die Steinpyramiden mit dem reichen Filigran, die anstatt einer Ziegeldachhaube das prächtige Mauerwerk krönten, reizten ihn schon lange. Und es machte noch mehr Freude, nachdem der Hausarzt gegangen war: Gelegentlich eines Besuches bei der damals oft kränklichen Mutter hatte der dem Zeichner stillschweigend über die Schulter zugesehen und dann — durchaus so, daß der Zeichner es hören konnte — zu seiner Patientin bemerkt: „Der kann was, der hat Talent." — Der Hans ist bis hinter die Ohren rot geworden. Seine Mutter übrigens auch, obwohl sie dafür sorgte, daß es ihre Umgebung nicht wahrnahm.

Die Meinung des Arztes war noch gewichtiger als die des Pfarrers. Er war die Respektsperson, die die kleinen Leute mit der großen Welt verbinden —

mit der Welt der Besseren, mit der weiten Welt, mit der Welt des Geistes. Sein Wort setzte Ziele und seine Meinung Normen.

Die Bekehrten von Brodswinden

Im Herbst 1947 kam der Dorfpfarrer auf den Gedanken, eine Gruppe von Buben zu einer „Freizeit" zu schicken. Sie wußten nicht, was das sei, eine „Freizeit". Das würden sie schon erleben, meinte der Pfarrer bei einem der Schachabende, zu denen er ins Pfarrhaus einlud. Diese Abende waren übrigens sehr beliebt. Es wurde nicht „tuschur" in der Bibel gelesen und es wurde nicht nur herumdiskutiert. Es passierte auch etwas!

Was die Pfarrfrau da alles ausgestanden haben mochte, wenn die jungen Gäste aus kilometerweit entfernten Dörfern den Dreck ungeteerter, kalkiger Wege ihr ins Haus trugen, interessierte damals kaum einen.

Anfang Januar fand die „Freizeit" statt. Es war die erste große Reise, die die Dorfbuben machen durften. Mit dem D-Zug! Doch der wirkte gar nicht so vornehm, wie sie es sich ausgemalt hatten, sondern eher vollgepfercht — „wie ein Viehwagen", meinte einer. — „Die müssen alle Hamsterer sein", tuschelten sie einander zu. Auf München zu wurden es immer mehr, die mit Taschen, Koffern und Rucksäcken die schüchternen jungen Reisenden in die Ecke drängten. Dort mußten sie auf dem riesigen Bahnhof, der ihnen wie ein gewaltiges Bierfaß vorkam, umsteigen. Die Fahrt führte weit in die bayrischen Berge. Zum erstenmal sahen die fränkischen Flachländler das Hochgebirge bei Garmisch. Sperrangelweit rissen sie Augen und Mund auf, als sie auf Schloß Kranzbach ihre Zimmer bezogen hatten. Hingerissen von der Natur mußte der

Hans zum Zeichenstift greifen; für den Brief, den er im Namen der ganzen Gruppe an den Pfarrer zu schreiben hatte, genierte er sich fast ein wenig, so sehr ließ er seinen Gefühlen über das Naturerlebnis freien Lauf. Schillers Periodendeutsch muß harmlos gewesen sein, verglichen mit seinem Wasserfall von Sätzen.

Eine solche Landschaft bot beste Voraussetzungen, die Burschen auch innerlich in Bewegung zu bringen. Das besorgten zwei bewährte Jugendleiter vom Landesjugendpfarramt aus Nürnberg. Die Dorfclique machte bei den täglichen Bibelstunden gerne mit. Bei Sachfragen taten die jungen Brodswindener den Mund schon auf, aber auf mehr ließen sie sich nicht ein. Einer paßte auf den anderen auf, daß keiner zu weit ging. Der Einladung zur Einzelbeichte folgten sie jedenfalls nicht. Da blieben sie zugeknöpft. Im Konfirmandenunterricht hatten sie gelernt, daß die Evangelischen hauptsächlich gemeinsam beichten, vor dem Abendmahl. „Also brauchts das nicht", einigten sie sich in geheimer Besprechung.

Dennoch zeigte die Freizeit ihre Wirkung. Das begann schon auf Schloß Kranzbach. Als eines der größten Übel der Zeit wurde zum Beispiel das Kartenspiel dargestellt. Der Erfolg: die Spiele, die die Altersgenossen aus dem Dorf mit sich führten, verschwanden. Auch der Sprecher nahm sich vor, sich von den Karten zu trennen, die zuhause lagen. Ahnungsvoll hatte er sie nicht ins Reisegepäck gesteckt. Als er zurückkam, verkaufte er sie um den Gegenwert von ein paar Pfund Taubenfutter. Sie einfach wegzuwerfen — das sah er nicht ein.

Daß er später weder Skat noch Schafkopf beherrschte, hat ihn nachmals um manche Chance zwanglosen Zusammenseins gebracht.

Ein Erlebnis besonderer Art hatten die Dörfler auf der Heimfahrt: In München mußten sie wieder umsteigen. Dabei stellte sich heraus, daß der Zug, mit dem sie nach Ansbach weiterfahren sollten, völlig überfüllt war. Es gab keine Karten mehr. Guter Rat war teuer. Da benannten sie eine Dreier-Delegation und beauftragten sie, zum Fahrdienstleiter zu marschieren. Einer von ihnen kramte vorsorglich zwei Paar Bratwürste hervor und nahm sie zu den Verhandlungen mit.

Bauernschlau, wie sich die jungen Reisenden fühlten, klagten sie dem Beamten ihr Leid vor, und schoben zugleich, mehr verschämt als couragiert, das kleine Päckchen auf den Tisch. Es klappte alles.

Beamtenbestechung durch die Bekehrten von Brodswinden? Darüber rätselten sie auf der langen Heimfahrt. Natürlich kannten die die Wirkung, die damals Bratwürste auf hungrige Städter zu erzielen vermochten. Fast jeden Tag erlebten sie in ihren Dörfern, wenn die fernen Verwandten angereist kamen, von denen sie bald darauf vergessen wurden. Auf der Rückfahrt von München freilich meinten sie, daß der landeshauptstädtische Herr weder sich noch sie in Verlegenheit bringen wollte und dazu gerne hinnahm, was ihm später wohl gut schmecken mußte. Was hätte man in München schon mit ihnen anfangen sollen?

Innerlich angekratzt waren sie auf Schloß Kranzbach wirklich worden. Allerdings: Die Welt, in der sie sich zurechtfinden mußten, war die alte geblieben. Und ohne die Methoden der Alten kamen sie nicht zurecht. Ihre erfolgreiche Beamtenbehandlung war ihnen Beweis. Skrupel und Schlitzöhrigkeit lagen eng beieinander.

Europa

Irgendwann im Mai 1946 muß es gewesen sein, da stand in der „Fränkischen Landeszeitung" ein ausführlicher Bericht über eine Rede, die Winston Churchill in Zürich gehalten hatte. Er forderte die Vereinigten Staaten von Europa.

Auch im Rundfunk kam seitdem öfters dieses Thema zur Sprache. Diese Idee rührte den 15jährigen an. „Wenn der Churchill schon die Vereinigung Europas fordert, wo England doch so weltweite Interessen hat und nicht einmal zum Kontinent gehört — dann muß es an der Zeit sein, daß da mehr geschieht", ging es dem jungen Grübler durch den Kopf.

Alles, was über die jetzt beginnende europäische Bewegung berichtet wurde, fand das leidenschaftlichste Interesse des Schülers. Endlich war wieder ein Ziel erkennbar, auf das man zusteuern konnte. Wenigstens politisch. Und die Politik interessierte ihn ja. Endlich konnte die Enttäuschung ein wenig abgebaut werden, die daraus erwachsen war, daß man die Liebe zum Volk, die Treue zum Vaterland und den Einsatzwillen für andere so schnöde mißbraucht hatte.

Freilich, es entwickelten sich auch genug Bedenken. Wird es gut gehen zwischen Siegern und Besiegten?

Und was wird aus dem eigenen Vaterland werden, das in vier Teile auseinandergerissen ist, von denen sich offenbar nur drei zusammenfinden, während der von den Russen besetzte Teil sich nicht in das Ganze einfügen darf?

Jedenfalls war er begeistert, daß die neuen Männer sich so positiv zu Europa stellten. Vor allem, was Adenauer über die Aussöhnung mit Frankreich sagte, leuchtete ihm ein. Auch Carlo Schmid, der Sozialdemokrat, gefiel ihm. Mit Kurt Schumacher war er weniger einverstanden. Der war ihm zu national.

Am liebsten wäre er dabei gewesen, als im Rheintal symbolisch die Schlagbäume niedergerissen wurden, aber ihm fehlte das Fahrgeld.

Wenigstens konnte er nach Ansbach, wo die ersten europäischen Diskussionsabende stattfanden. Und zwar im prachtvollen Rokkokoschloß, das der neue Regierungspräsident für solche Veranstaltungen zur Verfügung stellte. Der war zwar auch ein Sozialdemokrat — und gegen die hatte man etwas auf dem Dorf —, aber er entpuppte sich dennoch als recht sympathisch. Hinreißend erzählte Dr. Schregle über seine Reisen nach Frankreich, wie er auf dem Place Concorde gestanden und dort, im Herzen von Paris, ja von ganz Frankreich, das Gefühl gehabt habe: auch das ist unser Vaterland. Sein junger Zuhörer setzte sich zum Ziel, auch einmal dorthin zu kommen.

„Mehr Sprachen müßte man können", proklamierte er deshalb unter den Mitschülern und fand tatsächlich ein paar Gesinnungsgenossen, die mit ihm zum Oberstudiendirektor zogen mit dem ungewöhnlichen Verlangen, Unterricht in einer dritten Fremdsprache zu erhalten, nämlich in französisch. „Gerne, sehr gerne sogar", meinte der, nachdem er fast gerührt beteuert hatte, daß es ihm in seinem Lehrerdasein noch nie von „normalen Schülern" passiert sei, daß Schüler noch mehr lernen wollten. Aber, fügte er hinzu, „es geht leider nicht: wir haben keinen einzigen Klaßraum, den wir zur Verfügung stellen könnten". Noch immer war das Hauptgebäude ausgebombt.

Die Europa-Eiferer sahen es ein, zogen von dannen und hatten die erste Chance, Frankreich näher kennenzulernen, verpaßt.

Rote, Schwarze, Liberale

Es brauchte seine Zeit, bis die politischen Parteien auch auf die Dörfer kamen. Zur ersten Wahl, 1946 zum Bayerischen Landtag, ließen sie sich noch kaum sehen.

Im Wirtshaus wurde freilich viel diskutiert. Am besten kamen in der ersten Zeit die Liberalen weg. Von den „Roten" und den „Schwarzen" hielt man nicht viel. Die einen galten als zu links, die anderen als zu katholisch.

„Die haben den Karren schon einmal in den Dreck gefahren", behauptete der alte Bürgermeister, der von den Amerikanern eingesetzt und dann auch gewählt worden war, von den Sozis. Manche Nacht saß der neugierige, politisch interessierte Oberschüler in der kleinen Kanzlei und hörte dem alten, erfahrenen Siebener, Kirchenvorsteher, früheren Mesner, zu, wenn der erzählte „wie es seinerzeit war".

Gleich nach dem achtzehner Krieg hatten auch im Kirchdorf viele rot gewählt, lange aber habe die Liebe nicht gedauert. Vor allem, „weil die damals von der Kirche und von den Pfarrern nichts wissen wollten". Und das habe sich auch jetzt, 1947, noch nicht geändert.

Aber wenigstens seien sie für die kleinen Leute da, wand der junge Diskutierer ein. „Das schon, aber nach dem Grundsatz, was dein ist, ist auch mein. Christlich ist das nicht. Da muß es heißen, was mein ist, ist auch dein", predigte der ehrwürdige Bürgermeister. Auch der Pfarrer sei dieser Meinung, stellte er fest, obwohl der sich aus der großen Politik ziemlich heraushalte.

Als der Ansbacher CVJM, der in den ersten Nachkriegsjahren eine ziemliche Rolle spielte, eine Vortragsreihe veranstaltete, bei der auch Sozialdemokraten das Wort nahmen, gab der Dorfbub sein politisches Debüt. „Hat die Kirche sozialpolitisch versagt?" lautete das Thema, zu dem ein junger SPD-Parteisekretär sprach. Seine Antwort war klar: sie hat. Eine lange Latte von Vorwürfen nagelte er fest. Einen nach dem anderen erläuterte er. Sie sei eben im vorigen Jahrhundert nur für die Besitzenden dagewesen, hielt er der Kirche vor. Und daß es Beerdigungen erster und zweiter Klasse gegeben habe. Und daß sie immer auf der Seite der Mächtigen gestanden habe, paßte ihm nicht.

Seine Rede schlug so ein, daß am Ende die braven CVJMer und anderen Zuhörer ganz verdattert im Saal herumsaßen. Ob sich da einer zur Diskussion melden würde?

„Ganz unrecht hat er ja nicht, aber so hätte er die Kirche auch nicht runterputzen brauchen", dachte der junge Auswärtige, den es ziemlich juckte, zu probieren, ob er auch öffentlich ein paar Sätze herausbrächte.

Gott sei Dank, daß er ein wenig vorbereitet war. Zaghaft meldete er sich zu Wort. Und zitternd fing er an, ob denn der Redner noch nie etwas von Pfarrer Naumann gehört habe und vom Hofprediger Stoecker in Berlin und vom Hamburger Johann Hinrich Wichern, fragte er. Diese Männer und viele andere hätten darunter gelitten, daß die Marxisten die armen Leute aus der Kirche herausgelockt hätten. Er jedenfalls könne es nicht auf sich sitzenlassen, daß man die Kirche so kritisiere.

Ganz aufgeregt war der junge Debatter. Die Kniee schlotterten ihm. Daß ihm sogar Beifall geklatscht wurde, brachte ihn ganz durcheinander. Er überhörte einfach, was der Referent ihm antwortete. Nur die Redewendung, „daß auch drei Schwälbchen noch keinen Sommer machen", behielt er.

Mit den Roten war er fertig. So macht man sich über die Kirche nicht her.

Kurz darauf hörte er eine Rede von Kurt Schuhmacher. Unheimlich scharf griff der die Amerikaner an. Sein junger Zuhörer fand ihn viel zu national. Nein, die SPD war nicht seine Partei. Es fiel ihm schwer, dies einzuräumen, denn daß sie für die kleinen Leute da war, gefiel ihm.

Auch mit den Schwarzen, wie man die CSU landauf, landab nannte, hatte er seine Schwierigkeiten. Daß sie sich als christlich bezeichneten, fand er sympathisch. Aber daß sie einen eigenen bayerischen Verein bildeten, paßte ihm nicht. Der Bürgermeister klärte ihn darüber auf, daß das auch bei der Bayerischen Volkspartei so gewesen sei. Die wären auch nicht mit dem Zentrum zusammengegangen. „Und vor allem: sie sind halt pechschwarz." „Schade", klagte der Gemeindevorsteher, „daß es keine Deutschnationalen mehr gibt". Davon wollte nun allerdings sein junger Gesprächspartner nichts wissen.

Um diese Zeit wurde der junge Gymnasiast von einem alten liberalen Professor eingeladen. Vor einem recht kleinen Zuhörerkreis erläuterte der ehrwürdige, etwas langatmig sprechende alte Herr den deutschen Liberalismus, seine Geschichte und seine gegenwärtigen Ziele. Sogar zu Parteitagen wurde er eingeladen, nach Feuchtwangen und nach Nürnberg. Eindrucksvolle Gestalten lernte er kennen, z. B. Konrad Frühwald, den Bauernführer, von dem er schon manches in der Zeitung gelesen und im Dorfwirtshaus gehört hatte. Vor allem aber Thomas Dehler. Der machte einen besonders tiefen Eindruck auf ihn: soviel Leidenschaft beim Reden, soviel Begeisterung und so geradezu fühlbares Nachdenken und so viele Gedanken auf einmal hatte er bei keinem anderen Mann je erlebt.

Da sammelte er eine kleine Schülerschar und gründete eine Art Nachwuchsgruppe der Ansbacher Freien Demokraten, klebte Plakate, fuhr im Lautsprecherwagen durch den Landkreis und lud als Ansager zu Versammlungen ein.

Schade, daß sie Europa nicht im Programm hatten, die Liberalen. Das hatte aber wiederum die CSU, die in letzter Zeit immer lauter von sich reden machte. Eine glückliche Fügung ergab es, daß er mit dem Ehinger Bürgermeister Friedrich Bauereisen bekannt wurde, von dem es hieß, daß ihn die CSU in den Bundestag schicken wolle. Der Mann gefiel ihm. Vor allem war er evangelisch.

Eine reiche Freundschaft zu einem großen fränkischen Bauernführer entstand. Das oft harte, stets aber klare Urteil, die Erfahrung und die Wucht der Worte dieses Mannes imponierten ihm. Seinetwegen ging er sogar nach Bonn zum Studium. Für ein Jahr ward er sein Sekretär, schrieb Briefe für ihn, erledigte was so anfiel und begann, für „seinen" Abgeordneten Versammlungen zu halten im Landtags- und im nächsten Bundestagswahlkampf.

Nebenher beteiligte er sich auch an der Gründung einer kleinen Gruppe innerhalb der fränkischen CSU, die sich den Namen Evangelischer Arbeitskreis gab. Da lernte er auch einen niedersächsischen Protestanten kennen: Hermann Ehlers, der noch während der ersten Legislaturperiode zum Bundestagspräsidenten gewählt worden war. Der junge Mann meinte, seine politische Heimat gefunden zu haben.

Die erste Predigt

Im Juli 1953 — der junge Theologe studierte gerade in Heidelberg — brachte der Postbote eine Karte vom Leutershausener Pfarrer. „Sie studieren nun schon im fünften Semester Theologie. Da wird es Zeit, daß Sie Ihre erste Predigt halten. Ich lade Sie dazu in meine Filialkirche Wiedersbach ein. Und zwar zum 15. Sonntag nach Trinitatis" (das war der 6. September).

Einerseits fühlte der angehende Pfarrer sich ziemlich geschmeichelt, daß man ihm schon etwas zutraute, andererseits hatte er doch viele Bedenken. Zunächst erkundigte er sich, ob es denn überhaupt zulässig sei, ohne Examen zu predigen. Noch nie hatte er in seinem Dorf einen ganz jungen Anfänger predigen hören. Und was man alles unternehmen müsse, wollte er wissen. Man belehrte ihn, daß die Predigt dem für den Wohnsitz zuständigen Dekan zur Einsicht vorzulegen sei. Das leuchtete ihm jedenfalls mehr ein, als das Verlangen der Kirchenbehörde, auch die Verlobung zu gleichem Zwecke und aus ähnlichen Gründen bereits als Student anzuzeigen. Soweit wars bei ihm allerdings noch nicht. Nach einwöchigem Hin- und Herüberlegen nahm er das Angebot an und machte Besuch im Leutershausener Pfarrhaus, um die Einzelheiten zu verabreden.

„Nachdem Sie zugesagt haben, muß ich Ihnen nun doch noch eine Bedingung nennen", meinte der kahlköpfige, fast blinde Pfarrherr mit starkem ostpreußischem Akzent: „Bei mir wird frei gepredigt. Das versprechen Sie, oder Sie kommen nicht auf die Kanzel."

Sein angehender Kollege war zu schüchtern, um seine innere Reaktion gleich in die Worte zu fassen: „Dann bleib ich eben drunten. Es muß ja nicht sein. Noch nicht jedenfalls." Der alte Hase kam allen Einwürfen zuvor, indem er seine forsche Forderung umgehend begründete. Wie man es das erstemal halte, so hielte man es immer. Er wolle dem Anfänger ja nur helfen. Ein guter Redner müsse frei sprechen, ein guter Pfarrer auch. Was man sage, müsse aus dem Herzen kommen — zumindest müsse es auf die Leute so wirken. Jedenfalls habe sein Rektor im Predigerseminar eisern darauf bestanden, daß die Kandidaten ohne Manuskript auf die Kanzel stiegen. Im Kopfe müsse man das Manuskript haben — und nicht auf dem Kanzelpult. Sein Seminarleiter habe nicht einmal den Skandal gescheut, Manuskripte, die einer mit hochmanipuliert hätte, noch während der Predigt herunterzuholen, schwärmte der alte Pastor über vergangene Jahre.

Die Leidenschaft, in die er sich hineinredete, machte Eindruck. Es kam dem Jungen vor wie ein Pastorenvermächtnis, das er unbedingt weitergeben wolle. Im Grunde leuchtete seine Argumentation ja ein: Auch in der Heimatgemeinde waren jene Prediger besonders geschätzt, die frei und fließend sprachen. Weniger am Inhalt als an Lautstärke und freier Form des Vortrages bildete die Gemeinde das anerkennende Urteil: „Der hat uns heute eine schöne Kirche gehalten." Er willigte also ein.

Der Text, den die nach ihm unbegreiflichen Gesichtspunkten zusammengestellte „Predigtreihe" vorsah, war knifflig: „Sorget nicht ..." Nach Sorglosigkeit war ihm wirklich nicht zumute. Die erste Predigt — und da empfiehlt Jesus: Mach dir keine Sorgen! Später würde er das gleich ausgesprochen haben. Er hätte die schönste Einleitung. Aber das wagte er nicht.

Nach drei Wochen war er mit der Predigt fertig. Die restlichen 14 Tage machte er sich Sorgen darüber, ob denn alles gut ginge. Das Problem der freien Rede beschäftigte ihn. Endlich hatte er sich in einem mühseligen Lernverfahren so eingeprägt, daß er nicht mehr hängen blieb.

Da mußte er sich über die Liturgie hermachen, die feierliche Gottesdienstordnung. Auch da gabs Sorgen genug. Er war nämlich auf das Vorspiel des Organisten angewiesen. Noten konnte er nicht lesen. Soweit hatte er es trotz einer sehr respektablen Note in Musik während der ganzen Schulzeit nicht gebracht. So arbeitete er nach Gehör und mit einem musikalischen Geschmack, der eher in die Oper als in die Kirche paßte. „Wenn ich singe", dachte er, „sollen die Leute merken, daß es mir nach Gesang zumute ist". So kam es, daß ihm sein „Herr arbarme dich" wenig erbarmungswürdig geriet.

Die ganze Familie nahm Anteil. Am meisten die Mutter — freilich in gewohnt verhaltener Weise. Er lud sie ein, mitzufahren. Aber darauf ließ sie sich nicht ein. Den allerersten Gottesdienst fand sie zu aufregend. So begleitete ihn ein ehemaliger Mitschüler, der mit ihm das Abitur gemacht hatte, ein besonders treuer Freund. Es versteht sich, daß am Sonntagmorgen Mutter und Geschwister aufgeregter waren, als der Sorgenkandidat, dem der Predigttext gebieterisch Sorglosigkeit abverlangte.

Erwartungsvoll und mit scheinbarer Gelassenheit ließ die Gemeinde die Meinung eines Jungen über sich ergehen. Unten im schmalen Kirchenschiff saßen die Frauen, junge Mädchen und Kinder schauten respektvoll auf, oben von der Empore aus musterten die alten Bauern und jungen Burschen den Anfänger. Je weiter sie von der Kanzel entfernt saßen, um so kritischer und direkter schauten sie den Kandidaten an. Ob sie merkten, wie ihm die Knie zitterten? Aber die Kanzel hatte gottlob eine hohe Brüstung, an der er sich festhalten konnte. Am Altar war es schon schwieriger gewesen. Der weite Talar verbarg aber wohl das Schlottern. Vermutlich hatte die Gemeinde noch mehr gebibbert als der Kandidat, daß er steckenbleiben könnte.

Damals lernte der Predigtanfänger — und sagte es auch einigermaßen tapfer: Sich keine Sorgen machen, das bedeutet nicht: sei untätig und laß alle fünf gerade sein. Das bedeutet: Tue alles, was in den eigenen Kräften steht, und zwar so, daß man dann den Herrn Herrn sein läßt. Sorglosigkeit ist kein Appell zur Gleichgültigkeit, keine Aufforderung zur Planlosigkeit, keine Rechtfertigung für Leichtsinn. Sorglosigkeit ist die Gewißheit, die Dietrich Bonhoeffer in die Worte faßte: „Von guten Mächten wunderbar geborgen, erwarte ich was kommen mag ...".

Im übrigen war der Freund, der ihn begleitete, so angetan, daß er seinem Vater, wichtiger Ansbacher Kirchenmann, empfahl, den jungen Prediger am darauffolgenden Sonntag in einer weiteren Gemeinde einzusetzen.

Und schließlich nach 14 Tagen predigte er in seiner Heimatgemeinde. Jetzt, ein wenig sicherer geworden, mußte er es nach dem Urteil seines Heimatpfarrers wagen, vor den besonders vertrauten, besonders neugierigen, aber auch besonders „besorgten" Nachbarn, Freunden, Bekannten zum erstenmal die Kirche zu halten — dort, wo einer den anderen von frühester Kindheit an kennt — und die ganze Familiengeschichte, im Guten wie im Bösen, meist mehr im Unguten, weil man sich das leichter merkt.

Es waren drei reiche Sonntage — Sonntage, die ein großer Ansporn für das weitere Studium wurden. Und nicht nur dafür: Auch für weitere Predigten, mit denen er manchen Pfarrer, der Sonntag für Sonntag antreten mußte, als Student ein wenig entlasten konnte. Und außerdem füllte sich durch solche Vertretungsdienste auch seine meist leere Studentenkasse ein wenig.

Schlußbemerkung

Oft stehe ich am Hang hinter meinem Elternhaus und schaue von der Leiten hinunter ins kleine Dorf. Es hat sich ausgedehnt. Hundert Leute lebten einst hier; jetzt sind's vielleicht dreihundert. Neunzehn Häuser einst, gut fünfzig heute. Klein ist es noch immer. Und dennoch: Kaum erkenne ich es wieder. Ich suche das Vergangene, weil ich das Heutige besser begreifen will.

Die Erlebnisse, die ich hier festhielt, sollen eine kleine Huldigung an meine fränkische Heimat sein. Am Speziellen das Allgemeine, das einst Gültige und noch heute Wirksame, darzustellen — dies war der leitende Gedanke bei dem, was in den Notizen von gestern aufgeschrieben ist.

Viele gibt es, die wach genug sind, um wissen zu wollen, wie es früher war. Es werden sogar immer mehr. Die Vergangenheit lebt wieder auf im Interesse der Gegenwärtigen am Gewesenen.

Über Jahrhunderte hinweg war das Leben auf dem Dorf in seinen Grundstrukturen unverändert. Es war eine von der agrarisch-handwerklichen Ordnung geprägte Gesellschaft. — Dieses Dorf ist versunken, und mit ihm viele Tätigkeiten, Berufe, Beschäftigungen, eigenwillige Gestalten, Originale. Ich versuchte ein wenig von dem aufleben zu lassen, was mir begegnete und in Erinnerung blieb.

Die Wogen der Industrialisierung, von Arbeitsteilung, Freizeitgesellschaft und Kleinfamilie, Vereinzelung und Spezialistentum, vor allem aber der dramatische Rückgang der bäuerlichen Bevölkerung auf dem Dorf, so daß sie dort, wo sie einst beherrschenden Einfluß ausübte, zur Minderheit schrumpfte — diese großen Wogen der Veränderung sind auch über die Dörfer hinweggeschwappt. Ein neues Dorf ist im Entstehen, ein urbanes Dorf.

Es entsteht auf den Fundamenten, die die Alten gelegt haben.

Wie ich dieses Dorf als Kind erlebt habe, wollte ich beschreiben. Freunde drängten mich dazu, die mit mir der Meinung sind, daß eigentlich nur der die Gegenwart zu leben und erleben versteht, dem geläufig ist, was einstens gewesen.

Traditionen tragen — und drücken auch — viel stärker das, was gegenwärtig ist, als man gemeinhin annimmt.

Beim Niederschreiben ward mir bewußt, wie vielfältig die Erlebnisse sind, die eine Kindheit bestimmen. Wie prägend, bewegend und richtend. Und ich habe erfahren, wieviel nur noch an den dünnen Fäden verblassender Erinnerung hängt, das eigentlich wert ist, vor dem Vergessen gerettet und als das anerkannt zu werden, was es ist: Nährstoff oder Würze früher Tage fürs Leben.

Wie die dramatischen Vorgänge der großen Geschichte in die kleine Welt des Dorfes und das Leben kleiner Leute hineinwirkten, sollte nicht übergangen werden. Sie brachten die außerordentlichen Ereignisse im gewohnten täglichen Einerlei hervor, die eine ganze Generation nicht weniger prägten als die überkommenen Ordnungen.

Betroffen zunächst darüber, durch eine schwere gesundheitliche Erschütterung für Wochen und Monate zur Untätigkeit verurteilt zu sein, bin ich im Nachhinein, auch wenn die Folgen noch nicht vollends beseitigt sind, doch dankbar: so fand ich in der Mitte eines Lebens Zeit und Muse, Umschau zu halten — auch nach rückwärts, und vor dem Auge, das die Wurzeln sucht und den Boden, die uns zum Wachsen brachten, jene Welt erstehen zu lassen, die der Krieg und seine Folgen zum großen Teil so schnell versinken ließ.

Pressestimmen zum Buch: „Im Dorf daheim“

ein Glücksfall . . .

„„. . . ein Glücksfall in der Politikerliteratur . . . Dieses Buch enthält mehr als Titel und Untertitel andeuten. Es gibt dem Leser besser als manche gelehrte Abhandlung ein Empfinden dafür, aus wie vielfältigen Erfahrungen eine politische Haltung entsteht . . . Es zeigt ferner, daß Politiker-Biographien nicht immer nur von Haupt- und Staatsaktionen handeln müssen“.

DAS PARLAMENT, Bonn

einfache Sprache . . .

„„. . . in einer erfreulich einfachen, aber nicht gekünstelt primitiven Sprache . . . so geschildert, daß Gleichaltrige ihr eigenes Schicksal wiedererkennen“.

DIE WELT, Hamburg

Kritische Betrachtungen . . .

„Das Buch hat nicht nur seinen politischen Wert für die Jugend, weil es Erfahrungen mitteilt, sondern auch seine Bedeutung für alle, die Freude an der fränkischen Heimat haben, an Brauchtum und Gepflogenheit . . . Typisch für den Pfarrer und Politiker Hans Roser, daß er neben liebenswerte und keineswegs sentimentale Erinnerungen auch die kritischen Betrachtungen der unseligen Zeit stellt . . .“

FRÄNKISCHE LANDESZEITUNG
Ansbach

erinnert an das Dorf . . .

„Ein Buch, das das Dorf mit all seinen Originalen und handwerklichen Ordnungen, aber auch in seiner Auseinandersetzung mit den ‚Hitlerjahren‘ noch einmal in Erinnerung bringt“.

NÜRNBERGER ZEITUNG, Nbg.

das Dorf trefflich geschildert . . .

„Roser versteht es, einerseits die ‚Enge‘ des Dorfes trefflich zu schildern, andererseits auch wieder die Freiheit auf dem Dorf, die Treue zu alten Gebräuchen und Traditionen, wie sie noch bis in das Heute hinein wirken“.

NÜRNBERGER NACHRICHTEN

„Das Buch zeigt, wie damals dramatische Vorgänge der großen Geschichte in das Leben der kleinen Leute hineinwirkten“.

SONNTAGSBLATT FÜR BAYERN

ein Bild der Dorfkultur . . .

„Ein unwiederbringliches Bild dörflicher Kultur, empfehlenswert auch für Heranwachsende".

DIE NEUE BÜCHEREI, München

„Wer die Vätergeneration von heute verstehen will, der sollte dieses Buch in die Hand nehmen . . ."

EVANGELISCHES MONATSBLATT

es lehrt verstehen . . .

„Jugendliche lernen ihre Väter besser verstehen . . . undramatisch, schlicht, ohne nostalgische Schönfärberei, distanziert und liebevoll zugleich".

HERSBRUCKER ZEITUNG

nachdenkliche Zeitgeschichte . . .

„. . . ein unbedingt nachdenkliches Stück Zeitgeschichte . . . ein profilierter Beitrag zur Bewältigung der sogenannten unbewältigten Vergangenheit . . ."

SONNTAGSBLATT, Erlangen

erinnert an eigene Jugend . . .

„Vieles werden unsere Kinder so nicht mehr erleben. Der notwendige und in vielem auch wünschenswerte Fortschritt muß mit mancher Verarmung des Lebens bezahlt werden".

HUGO MASER, Oberkirchenrat,
Bischofsvertreter

„. . . erinnert mich an meine eigene Jugend auf dem Dorf . . ."

HERMANN DIETZFELBINGER
Landesbischof i. R.

„. . . von einer Urwüchsigkeit und Echtheit, daß man seine wahre Freude daran hat".

GEORG WEIDT, Dekan

„Es hat mich zutiefst bewegt und gefesselt. Hier ist eine Darstellung unserer mittelfränkischen Dörflichkeit gelungen, wie ich sie so noch nicht gelesen, aber als Kind selbst erlebt habe".

FRIEDRICH KALB, Dekan, Erlangen

„Vielleicht geben Bücher dieser Art unserer Jugend eine Antwort auf die in der Schule kaum beantworteten Fragen: Wie war es damals, wie habt Ihr, wie haben Eure Eltern darauf reagiert?"

HENK OHNESORGE, Redakteur,
Bonn